외식업을
묻다

외식업을 묻다

2024년 9월 20일 초판 1쇄 발행

지은이	배달의민족 배민아카데미
디렉팅	권용규
기획	조은영
운영	박미카엘
마케팅	김소영
표지 디자인	박지나
사진	박선규, 양극모, 이다영, 이유채, 최지원
콘텐츠 제공	
사장님	김광민, 배민화, 서재일, 손영래, 송재용, 윤혁진, 이대현, 임광택, 임성환, 우상희, 장임택, 정준희, 정하욱, 최원근, 허지선
전문가	권정훈, 신동민, 이미나, 전효진, 주시태

펴낸 곳	㈜다이어리알
펴낸 이	이윤화
편집	김성화
주소	서울시 서초구 방배천로24길 25
전화	02-533-8020
팩스	02-533-8075
홈페이지	www.diaryr.com
E-mail	carmen0605@naver.com
출판 등록	2009년 2월 19일 제320-2009-8호

ISBN 978-89-98740-47-4

- 이 책의 내용은 인터뷰 및 원고 기고자의 개인적 견해이며, 배달의민족, 배민아카데미의 공식 견해가 아님을 알려드립니다.
- 이 책은 저작권법에 의해 보호받는 저작물이므로 저자와 ㈜다이어리알의 동의 없이 무단 전재와 복제를 할 수 없습니다.
- 파손된 책자는 구입처에서 교환해드립니다.

이 책은 저자와의 협의에 따라 결식 아동 및 소외 이웃 지원을 위하여 인세 전액을 굿네이버스에 기부합니다.

외식업을  묻다

배민아카데미 지음

다이어리R

| 서문 |

2014년 10월 2일, 강남의 작은 공간에서 21명의 사장님과 함께한 첫 교육이 배민아카데미의 시작이었습니다. 그로부터 10년이 흘렀습니다.
'가게 운영을 더 잘하시도록 어떻게 도움을 드릴 수 있을까?'
'배달의민족을 더 쉽게 활용하는 방법을 어떻게 알려드릴 수 있을까?'
이러한 고민에서 시작된 배민아카데미는 매월 한 번씩 진행되던 교육이 점차 확대되어, 이제는 서울센터와 경기센터 두 곳의 교육장과 온라인 교육을 통해 전국의 사장님들이 편하게 참여할 수 있는 실질적인 장사 수업을 매월 50회 이상 제공하는 교육기관으로 성장했습니다.
가게 홍보, 손익 관리, 레시피 교육, 조리 실습, 메뉴 컨설팅 등 많은 강의를 진행하고 있지만, 바쁜 가게 운영을 뒤로하고 참여하시는 사장님들께 꼭 도움이 되는 수업을 준비해야겠다는 마음만큼은 10년 전이나 지금이나 변함이 없습니다.
제주, 부산 등 전국 각지에서 새벽 첫 차를 타고 교육을 들으러 오시는 사장님, 1인 매장이라 가게를 비울 수 없지만 장사 공부가 더 중요하다며 매장 문을 닫으면서까지 공부하러 오시는 사장님, 이제 정말 장사를 그만둬야 하나 싶은 절박한 마음을 안고 교육장으로 발길을 옮기신 사장님 등 각자의 상황은 다르지만, '어떻게 하면 장사를 더 잘할 수 있을까?', '어떻게 하면 지금보다 더 나아질 수 있을까?'라는 간절함은 모두 같았습니다.
그렇게 지금까지 26만여 명의 사장님들과 3420회의 교육을 함께하며 10년의 시간을 차곡차곡 쌓아왔습니다. 배민아카데미를 방문하시는 외식업 사장님들이 공통적으로 하는 말씀이 있습니다. 장사 고민을 나눌 사람이 없어서 너무 외롭다는 것입니다. 사업체를 운영하는 대표로서 감당해야 하는 무게가 크고, 그 짐은 가족도, 친구도, 직원과도 나누기 힘들다는 말씀이겠지요. 그리고 배민아카데미에 오면 같은 고민을 나눌 수 있는 동료 사장님들을 만나 힘을 얻는다고 합니다.

배민아카데미 10주년을 맞아 그간 사장님들과 쌓아온 이야기를 책으로 엮었습니다. 장사가 막막할 때, 고민을 나눌 사람이 없어 외로울 때 펼쳐볼 수 있는 책이 되길 바랍니다. 이 책은 외식업 사장님들이 한 번쯤은 고민했을 '외식 가게 운영 대표 질문 15개'를 중심으로 구성되었습니다. 배민아카데미에서 함께 공부하고 성장해온 사장님들의 이야기를 통해 각 질문에 대한 사례를 소개하고 있습니다. 가게마다 상황이 다르기 때문에 이 책이 정답이라고 말씀드리긴 어렵지만, 누구보다 열심히 해답을 찾아가는 동료 사장님들의 고민과 노력을 엿볼 수 있을 것입니다.

정답이 없는 외식업 시장에서 오늘도 고군분투하는 사장님들께 이 책이 희망이 되고, 실마리를 제공하길 바랍니다. 가게 한편에 두고, 장사가 막막할 때마다 동료 사장님들의 이야기를 찾아보며 힘을 얻을 수 있는 책이 되길 희망합니다.

치열한 외식업 시장에서 오늘도 최선을 다해 가게를 일구어가고 있는 외식업 사장님들께 존경과 응원의 마음을 보냅니다.

배달의민족 배민아카데미

CONTENTS

chapter 1 메뉴

012 우리 가게 시그니처 메뉴 어떻게 만들까?
#시그니처메뉴개발 #가게확장
〈카페 고은별〉 임성환 사장님

024 트렌디 메뉴와 스테디 메뉴, 어떤 것이 유리할까?
#메뉴기획 #메뉴전략
〈서울낙업〉 송재용 사장님

040 다양한 메뉴가 좋을까? 간소한 메뉴가 좋을까?
#다브랜드메뉴전략 #배달전문점운영팁
〈팔공냉면〉 서재일 사장님

■ 사장님이 묻고 전문가가 답하다
054 단일 메뉴 vs. 다양한 메뉴, 어떤 구성이 유리할까?
'멘야미코', '당옥' 오너 셰프 **신동민**

chapter 2 홍보 마케팅

060 작은 가게에도 브랜딩이 필요할까?
#리브랜딩 #스몰브랜딩
〈초식곳간〉 김광민 사장님

074 시골에서 매장 운영이 가능할까?
#로컬브랜딩 #로컬브랜드성장기 #직원채용과브랜드비전
〈므므흐스버거〉 배민화 사장님

090 온라인 마케팅, 직접 해도 괜찮을까?
#불리한상권극복 #셀프체험난말굴
〈대디스바베큐〉 우상희 사장님

106 비선호 입지에서도 성공할 수 있을까?
#고객중심마케팅 #동반성장을위한커뮤니티
〈스시도쿠〉 손영래 사장님

■ 사장님이 묻고 전문가가 답하다
122 작은 식당의 브랜딩, 어떻게 시작하면 좋을까?
나무야컴퍼니 대표 **권정훈**

chapter 3 가게 운영

132 가족 같은 직원, 가능할까?
#퇴사율0% #성장형사업가의마인드세팅
〈숯불닭구이 호연재〉 임광택 사장님

148 부정 리뷰, 어떻게 대응할까?
#고객서비스 #신뢰감높이는위생관리
〈대팔이네〉 이대현 사장님

160 조리 시간, 어떻게 줄일 수 있을까?
#조리시간단축 #생산성향상 #소자본창업
〈끄트머리집〉 윤혁진 사장님

176 사장 없는 오토 매장이 가능할까?
#직원은미래의사장님 #인사이드브랜딩
〈마이보틀〉 정준희 사장님

190 많이 파는데, 왜 남는 게 없을까?
#가게손익관리 #노포의지속전략
〈진천청주왕족발〉 정하욱 사장님

■ 사장님이 묻고 전문가가 답하다

204 돈과 사람을 모으는 원가 관리, 가능할까?
우아한형제들 사장님비즈니스성장센터 배민아카데미 교육팀 이미나

212 푸드테크가 인적 서비스를 대신할 수 있을까?
문화관광대학 외식산업학과 교수, 식품산업연구소 소장 전효진

chapter 4 가게 성장

220 가게 운영도 공부가 필요할까?
#은퇴후창업 #장사공부로재도약

〈장수만세〉 장임택 사장님

234 성공 가게의 노하우,
벤치마킹 어떻게 해야 할까?
#외식트렌드 #시장조사 #주방동선전략

〈국보회관〉 최원근 사장님

246 우리 가게도 프랜차이즈가 될 수 있을까?
#스몰브랜드확장전략 #가맹사업

〈호랑이셀국수〉 허지선 사장님

■ 사장님이 묻고 전문가가 답하다
262 상권 분석, 누구나 할 수 있을까?
NICE 지니데이타(주) 실장 주시태

chapter 1   chapter 2   chapter 3   chapter 4
메뉴   홍보 마케팅   가게 운영   가게 성장

chapter 1
메뉴

우리 가게 시그니처 메뉴 어떻게 만들까?
〈카페 고은별〉 임성환 사장님

트렌디 메뉴와 스테디 메뉴, 어떤 것이 유리할까?
〈서울낙업〉 송재용 사장님

다양한 메뉴가 좋을까, 간소한 메뉴가 좋을까?
〈팔공냉면〉 서재일 사장님

❶ 메뉴 기획

외식업계가 이보다 더 치열했던 적이 있을까요? 전쟁 같은 시장에서 살아남기 위해선 하던 것만 하면 안 될 것 같은 눈치입니다. 그러다 보니 고민에 빠진 사장님들이 많습니다. 생존을 위해서는 계속 진화해야 하기 때문입니다. 매출 견인을 위한 최고의 무기는 가게를 상징하는 차별화된 메뉴겠지요. 이미 운영 중인 매장이라면 기존 고객들의 충성도를 유지하며 가게의 색깔을 잃지 않고 장기적으로 사랑받을 수 있는 메뉴를 확보하는 것, 모든 사장님의 목표일 겁니다. 하지만 수많은 경쟁자 틈에서 차별화를 이뤄내기란 쉽지 않습니다. 지나치게 새롭다면 대중이 받아들이기 힘들 수 있고 많은 시간과 노동, 비용 투자를 통해 신메뉴로 다양성을 꾀하더라도 자칫하면 우리 가게의 아이덴티티를 사랑해준 고객이 떠나갈 수 있거든요. 사장님이 보여주고자 하는 음식에 대한 확실한 철학을 바탕으로, 한 가지 색을 내야 고객들의 마음이 동하니까요. 새로움과 익숙함 그 사이의 황금 밸런스로 매출을 견인하는 메뉴 개발, 노력하면 누구나 할 수 있을까요?

카페 고은별
임성환 사장님

우리 가게 시그니처 메뉴, 어떻게 만들까?

나만의 강점을 살린 메뉴로 한 스텝 빠른 매장 만들기

서울 광진경찰서 바로 옆, 노란 간판과 어닝이 눈에 띄는 카페가 있습니다. '카페 고은별(이하 고은별)'이라고 하는 브런치 카페예요. 이곳에서 장사한 지 벌써 10년이 다 되어가고, 주민들에게는 "노란 카페"라고 불린다고 합니다. 그런데 이 카페, 샌드위치가 그렇게 맛있다고 하네요. 알고 보니 배달 맛집으로 더 유명한 곳이에요. 치아바타를 직접 만드는 수제 샌드위치로요. 건대와 세종대 졸업생들, 광진구 일대에서 자취를 했던 사람들이 남기는 "예전에 즐겨 먹었던 샌드위치"라는 리뷰가 아직도 올라옵니다. 배달이라면 식사류밖에 없던 시절, 카페 메뉴를 배달한 1세대 매장이라 광진구민들에게는 마니아층이 형성되어 있다고 합니다. 베이커리도 아닌 카페에서 치아바타를 직접 만들고, 소스까지 직접 만드는 수제 샌드위치를 만들 생각을 어떻게 했을까요? 남들보다 좀 더 빠르게 움직였던 카페 고은별 임성환 사장님의 이야기가 궁금합니다.

진정성을 담은 서비스와 음식, 가게만의 무기가 되다

Q 사장님과 사장님의 가게를 소개해주세요.

A 안녕하세요. 저는 서울 광진구에서 브런치 카페 고은별을 운영하고 있는 임성환입니다. 카페는 2015년부터 시작했고, 2017년부터 본격적으로 샌드위치를 판매했습니다. 현재 고은별은 샌드위치와 파스타, 샐러드, 수프를 판매하는 브런치 전문점입니다. 본점에서는 샌드위치를 중심으로 하는 메뉴를 제공하고 있고요. 인근에 위치한

2호점에서는 샐러드와 파스타, 필라프 등의 메뉴까지 추가해 좀 더 다양한 식사 메뉴를 선보이고 있습니다. 고은별은 배달이 지금처럼 보편화되지 않았던 시절부터 커피와 샌드위치를 배달 판매했기 때문에 브런치 카페임에도 배달 비율이 높은 편입니다.

Q 어떻게 배달을 시작하게 됐나요?

A 카페를 열면 무조건 손님이 올 거라고 생각했는데 장사가 정말 안 됐습니다. 좀처럼 열리지 않는 출입문을 하릴없이 바라보다가 어느 날, 그런 생각이 들었어요. '왜 나는 기다리기만 하지? 손님이 찾아주지 않는다면 직접 손님을 찾아가야지'라는 생각이요. 그렇게 배달을 시작하게 됐습니다. 그때는 배달의민족에 카페·디저트 카테고리가 없어서 카페가 패스트푸드 카테고리로 분류될 정도로 배달 초기 시장이었어요. 햄버거와 피자만 있던 패스트푸드판에 갑자기 커피와 수제 샌드위치가 등장하니 반응이 정말 좋았지요. 배달을 시작하고 나서 처음 2년 동안은 매출이 6배 정도 뛰었습니다. 모든 시장이 그러하듯 카페 메뉴 배달에 대한 수요가 높아지니 많은 후발 주자들이 생겼죠. 다른 가게들 속에서 고은별이 카페 메뉴로 선택되려면 경쟁사들과 다른 점을 만들어야 했어요.

Q 고은별은 어떤 점을 차별화 포인트로 잡았나요?

A 고은별이 가진 진정성이 고객에게 어떻게 하면 잘 전달될지 여러 가지로 고민했습니다. 먼저 동네 장사이기 때문에 고객 한 분 한 분에게 최선을 다하는 것이 중요하다고 생각했어요. 당시에는 직접 배달을 갔었고 지금처럼 벨만 누르고 오는 시스템이 아니라 대면해서 메뉴를 전달하는 경우가 많았어요. 음식을 전달하는 그 찰나의 순간에 진심을 전했죠. 예컨대 늘 단정한 셔츠와 바지 차림으로 배달을 했고, "안녕하세요, 카페 고은별입니다", "맛있게 드시고 좋은 하루 보내세요"라는 인사를 꼭 남겼어요. 또 단순히 친절한 것을 넘어 고객의 입장에서 어떤 서비스를 받으면 감동으로 다가

올까, 전체로 뭉뚱그리지 않고 개개인의 입장에서 생각했습니다. 고객 중에 육아를 하는 젊은 어머니들이 많이 계셨어요. 배달 요청 사항에 "벨 누르지 말고 놓고 가주세요"라는 메모를 보고 추측했는데요, 아이를 겨우 재우고 짬 나는 시간에 샌드위치와 커피로 첫 끼를 드시는 분들일 거라고 유추할 수 있었죠. 대면해서 인사하는 대신 그분들이 남겨주시는 리뷰 댓글에 "육아 힘내세요"라는 메시지를 전했습니다. 그러면 고맙다는 대댓글이 달렸어요. 이런 방식으로 고객들과 유대감을 쌓다 보면 어느새 생각지 못할 만큼의 사랑으로 돌아옵니다. 장사도 결국, 사람과 사람 간의 소통이라는 걸 실감하게 되죠.

그 다음은 음식으로 진정성을 전하는 거였어요. 빵부터 소스까지 매장에서 직접 만드는 샌드위치는 맛은 물론이거니와 보다 건강하게 즐길 수 있다는 믿음을 주거든요. 저는 샌드위치에 쓰는 치아바타를 직접 만들고요. 닭가슴살 수비드 같은 충전물 전처리와 소스 제작까지 모두 직접 합니다. 생각보다 많은 분이 '수제'라는 키워드를 좋아해주셨고, 이건 지금까지도 고은별이 쭉 가져가고 있는 차별점입니다.

맛있고 건강한 수제의 가치를 집요하게 어필하다

Q 배달에 많은 경쟁사가 생기면서 또 다른 전략을 취했어야 했을 것 같아요.

A 배달의민족 애플리케이션에 카페·디저트 카테고리가 생기고 수많은 카페가 입점하면서 6배까지 뛰었던 매출이 3분의 1 수준으로 떨어졌어요. 남들보다 좀 더 빠르게 움직여서 배달 시장을 선점했지만 이제 다른 방법을 생각해야 할 때가 된 거였죠. 먼저 우리만의 강점이 무엇일까 분석해봤습니다. 그리고 수제 치아바타 샌드위치를 시그니처로 내세워 매장에서 빵과 소스 등 모든 재료를 직접 만든다는 이미

지를 굳히기로 했습니다. 샌드위치를 찾는 주 고객 층의 니즈와도 부합하는 키워드였거든요. 고은별에서 만드는 치아바타는 플레인과 먹물, 통밀 이렇게 세 가지예요. 기호에 따라 치아바타를 선택할 수 있습니다. 또 직접 계약한 바질 농장에서 공급받은 바질을 견과류와 함께 갈아 페스토를 만듭니다.

메뉴의 다양화도 시도했는데요. '올데이 브런치(All-day Brunch)'를 슬로건으로 샌드위치와 파스타, 샐러드 플레이트 등 다양한 브런치로 메뉴를 확장하기 시작했어요. 공유 주방에서 샐러드 메뉴를 집중적으로 만들어 배달 판매를 했죠. 그런데 그때 코로나19로 인해 가정에서 식사와 커피를 모두 해결하는 수요가 늘어난 데다 건강식이 이슈로 떠오르면서 샐러드 메뉴의 가능성을 보게 됐습니다. 그리고 강남에 매장을 내 맛있으면서도 건강한 식사 메뉴를 좀 더 강화했어요. 지금은 강남 매장을 본점 근처로 옮겨 2호점을 운영 중입니다. 2호점인 '샵 고은별'은 본점보다 브런치 키워드가 좀 더 강한 매장이에요. 브런치 메뉴 역시 모두 수제입니다.

수프 종류도 모두 직접 끓여요. 비슷한 콘셉트의 매장이 많이 생겨도 음식 자체의 깊이가 다르니 고객들도 그 차이를 느끼고 재주문으로 이어지게 됐습니다. 이렇듯 매장에서 만들 수 있는 것들을 가능한 한 모두 직접 만들었어요. 그리고 원하는 퀄리티를 내기 위해 수제를 고집하다 보니 자연스럽게 우리만의 맛이 만들어졌습니다. 그만큼 공이 들지만 누구에게나 당당하게 권할 수 있는 자신감도 붙었어요. 자체 생산하고 있다는 사실은 배달의민족 앱의 가게 정보란과 인스타그램, 네이버 블로그 등을 통해 홍보했고, 수제와 건강 이 두 가지 키워드가 자연스럽게 저희의 정체성이 되었습니다.

Q 메뉴 확장에서 고민이 많았을 것 같아요. 너무 많은 메뉴 가짓수는 오히려 독이 될 수도 있잖아요.

A 맞아요. 그래서 정확한 기준을 가지고 새로운 메뉴를 개발했습니다. 아무래도 배달

판매율이 높다 보니 기존의 주방 동선에서 크게 벗어나지 않는 메뉴, 기존에 갖고 있는 자원을 적용할 수 있는 메뉴 등 좀 더 보수적인 범위에서 신메뉴를 고민했어요. 메뉴 확장을 고민하는 사장님이라면 꼭 고민하셔야 할 문제예요. 유행하는 식재료를 사용하는 방법도 있고 창의적인 레시피를 개발해볼 수도 있겠지만 이것저것 마구 갖다붙이면 끔찍한 게 되거든요. 재료 활용성이 떨어지면 로스율로 이어지고요.

새롭게 만들고 싶은 메뉴가 있다면 그 메뉴에 필요한 재료들이 기존의 메뉴에도 사용되고 있는지 꼭 검토해보세요. 그리고 그 메뉴가 기존의 고객들에게도 소비될 만한 안정성이 있는지도 생각해보시고요. 고은별은 다행히도 수제 샌드위치라는 검증된 무기가 있었고, 이를 알고 꾸준히 찾아주는 충성 고객도 있었기 때문에 샌드위치 플러스 알파를 찾는 수요를 찾아 메뉴 확장을 할 수 있었어요.

Q 샌드위치 메뉴 개발도 꾸준히 이뤄지고 있나요?

A 처음 메뉴 세팅은 저와 직원들이 했지만 재미있게도 고객들이 만든 메뉴도 있어요. 고은별 샌드위치를 꾸준하게 주문해주신 고객들은 신메뉴가 나오면 꼭 주문해서 먹어볼 뿐만 아니라 때로는 새로운 조합을 요청하는 경우도 종종 있었는데요, 그 요구가 많아져서 새로운 메뉴가 탄생하기도 했어요. 예를 들어 원래 치킨샌드위치에만 쓰던 바질 페스토를 다른 샌드위치에 추가하는 분도 계셨고, 불고기샌드위치에 마요네즈 소스를 요청하는 분도 계셨어요. 이분들을 위해 새로운 샌드위치를 메뉴화했다가 나중에는 고객들이 본인들의 입맛에 맞게 옵션을 선택하도록 커스터마이징 샌드위치 메뉴를 만들었어요. 지금이야 다양한 샌드위치 전문점들이 있지만 그때까지만 해도 '꿀 조합'을 완성할 수 있는 커스텀 샌드위치는 쉽게 찾아볼 수 없었거든요. 나만의 샌드위치를 만들어 먹을 수 있다는 점에 많은 분이 흥미를 느꼈고 새로운 고객들의 유입으로 이어질 수 있었어요.

가게의 단골 고객, 팬덤 '별사탕'이 되다

Q 고은별 팬덤이 단단하게 형성되어 있는 것 같아요. 어떤 점이 이를 가능하게 했다고 생각하세요?

A 너무 많은 단어가 떠오르지만 이 모든 걸 아우를 수 있는 단어는 '소통' 같습니다. 우직하고 조용하게 장사하는 것도 좋지만 내 가게가 가지고 있는 강점을 가능한 한 많은 방법으로 알리고 홍보하는 게 중요한 것 같아요. 고은별은 시간과 정성을 들여 정직하게 음식을 만든다는 걸 꾸준히 알리고, 그 기대치에 상응하는 퀄리티의 메뉴를 제공해서 고객들로부터 신뢰를 얻었다고 생각해요. '고은별이라면 믿고 먹을 수

있다'라는 믿음을 심어준 거죠. 꾸준히 높아지는 재방문율과 재주문율도 제 생각이 틀리지 않았다는 걸 설명해주고요.

또 저는 음식 외에도 고객들이 원하는 걸 먼저 캐치하려고 노력하는데요, 환경보호를 중요하게 여기는 고객들이 있다고 판단해, 자체적으로 '일회용품 받지 않기' 옵션을 만들어 운영했어요. '벨 누르지 않기'도요. 배달의민족에서도 해당 옵션을 곧 도입했지만, 이는 배달 앱 시장 초기에는 당연하지 않았던 선택지이기도 했어요. 또 지금은 주문이 들어오면 몇 번째 주문인지 확인 가능하지만 초창기엔 그게 불가능했거든요. 그래서 자체 데이터를 만들어서 재주문 고객 관리를 했어요. '고은별을 사랑하다 탕진한 사람'이라는 뜻의 '별사탕'을 애칭으로 만들어 소속감을 부여하고, 신메뉴를 서비스로 제공하면서 '나는 당신을 알고 있다'라는 메시지를 전달하려고 했어요. 이런 소통들이 고은별에 대한 고객 충성도를 높인 방법이지 않았나 생각해요.

Q 배달의민족 앱에 카페·디저트 카테고리를 만들더니 '수지·포크 X' 옵션까지 만든 분이 여기 계셨네요. 들어보면 사장님은 남들보다 한 스텝 더 빠르게 움직이는 것 같아요.

A 한 시장 안에서 가만히 있는다면 매출은 떨어질 수밖에 없는 것 같아요. 경쟁자가 계속해서 생기기 때문이에요. 다음 스텝을 준비해두지 않으면 살아남을 수 없을 정도로 지금 외식업 시장은 치열합니다. 내가 남들보다 한발 빨랐어도 결국엔 한두 발 느리게 다들 들어오거든요. 케이터링 서비스도 지금은 경쟁자가 많아졌지만 광진구 내에선 좀 더 빠르게 시작했던 것 같아요. 해보지 않았던 서비스이기 때문에 처음 시작할 때 배민아카데미에서 도움을 많이 받았어요.

대학생 시절부터 배민아카데미 수업을 관심 있게 지켜보면서 나름대로 카페 사장의 꿈을 키워왔던 것 같아요. 사장이 되고 난 후에도 배민아카데미에서 진행하는 다양하고 특별한 수업을 꾸준히 들으면서 고은별에 접목할 수 있는 인사이트를 얻어가려고 노력했습니다. 특히 배민아카데미에서 여러 인사를 모셨을 때 케이터링 서비스를 고은별에서 했었거든요. 행사의 분위기에 따라 메뉴 구성이나 패키지를 어떻게 달리하면 좋을지 테스트해보는 좋은 기회였어요. 좋은 레퍼런스가 되기도 했고요.

Q 광진구에서 벌써 8년차 브런치 카페를 운영하고 계세요. 말씀하셨듯 시장은 정말 치열한데, 이러한 경쟁 속에서 장수할 수 있었던 비결이 있나요?

A 내가 가진 것, 내가 할 수 있는 것에 집중한 덕분이라고 생각합니다. 작은 카페로 시작했다가 샌드위치와 브런치로 메뉴를 확장했고 강남이나 홍대 상권으로 매장 진출도 했었지만 고은별의 색깔을 잃지 않으려고 늘 노력했어요. 강남 매장을 광진구로 옮겨온 것도 이제는 '로컬 브랜드'로서 입지를 더 굳히기 위해서예요. 불행인지 다행인지 저는 트렌디한 가게 운영에는 자신이 없어요. '힙한 것', '핫한 것'은 애초에 제가 소화할 수 없는 영역이라 생각했고, 유행에 휩쓸리지 않고 저만의 뚝심을 지키려고 노력했습니다. 물론 계속 머물러 있다는 의미는 아닙니다. 저희 음식들은 동네 사람들이 일상 속에서 꾸준히, 자주 먹는 것들이기에 기존의 색깔을 잃지 않으면서 발전해나가는 것이 정말 중요하다고 생각합니다. 또한 여러 경험을 통해 느꼈지만 유행은 금방 끝이 나더라고요. 상권도 살아 있는 생명체와 같아서 뜨겁게 인기가 솟았다가 언젠가는 수그러들고요. 고은별은 우리의 샌드위치를 좋아해준 고객들의 꾸준한 관심 덕분에 지금까지 잘 유지되어왔다고 생각합니다. 우리를 찾아주는 고객들을 만족시키면서 그 안에서 지루하지 않은 다양성을 꾸준히 보여주고자 합니다. ●

② 메뉴 기획

서울시 배달구 민족동, 두 가게가 있습니다. 한 가게는 10년 동안 하나의 메뉴에 집중해, 그 메뉴를 떠올리면 가장 먼저 입에 오르는 가게가 됐죠. 또 다른 가게는 유행하는 식재료를 빠르게 캐치하고 꾸준히 메뉴 구성을 변경하며 트렌드를 놓치지 않아, 빠르고 역동적인 이미지로 젊은 층이 즐겨 찾는 곳이 됐습니다. 두 가게 중 어떤 운영 방식이 정답이라고 단언할 수 없기에 많은 사장님이 가게를 운영하면서 갈등에 휩싸이곤 합니다. 한 가지에 집중하자니 도태되는 것 같고, 트렌드에 따라 메뉴를 바꾸자니 정체성이 없어질 것 같고…. 식당의 핵심 요소인 메뉴에 대한 고민은 사장님들의 끝없는 숙제인 듯합니다. 트렌디한 장수 가게를 운영하는 일, 정말 불가능한 일일까요? 정체성을 잃지 않으면서 빠르게 변하는 외식 시장에서 살아남기 위해서는 메뉴 구성을 어떻게 하면 좋을까요?

서울낙엽
송재용 사장님

트렌디 메뉴와 스테디 메뉴, 어떤 것이 유리할까?

트렌디 메뉴와 스테디 메뉴의 황금 비율로 브랜드의 정체성 나타내기

서울 중심 상권 중 하나인 건대입구. 대학가의 젊은 고객들을 사로잡기 위해 가지각색의 아이템으로 무장한 외식 브랜드들이 골목마다 즐비합니다. 간판이나 인테리어를 쭉 둘러보면 요즘 외식 시장에서 많이 소비되는 콘셉트를 읽을 수 있을 거예요. 인기 아이템은 계절마다 옷을 갈아입는 나무들처럼 트렌드에 따라 주기적으로 변화하기 때문입니다. 빠르게 변화하는 시장 속에서 충성 고객을 '록인(Lock-in)'하고 새로운 니즈를 충족시키기란 보통 어려운 일이 아니지요. 이곳 건대입구에 '서울낙업'이라고 하는 이자카야가 있습니다. 2018년부터 브랜드를 운영하며 쌓인 데이터를 토대로 요리 그 이상의 안주를 선보이는 곳이에요. 스테디셀러와 트렌디한 메뉴를 적절하게 병행해 운영하면서 빠르게 변화하는 외식업 시장에 탄력적으로 대응하고 있다고 해요.

일상의 '즐거움'을
내 인생의 '업'으로 승화시킨 댄서

Q 사장님을 소개해주세요. 어떻게 이자카야를 운영하게 되셨나요?

A 저는 서울 건대입구에서 이자카야 서울낙업을 운영하는 송재용입니다. 원래는 공연 제작 회사에서 안무를 창작하는 댄서였어요. 직업 특성상 시끄러운 환경에 노출될 때가 많았는데, 몸과 마음이 지칠 때면 조용한 여행지나 이자카야를 찾아 '혼술'을 즐기곤 했어요. 그 공간과 음식이 주는 위로가 저에게는 큰 힘이 됐거든요. 자

연스레 일식에 깊게 빠지게 됐고, 춤 이외에 내가 좋아하는 또 다른 일을 해보자는 생각에 이자카야 오픈을 결심했습니다. 당시 서울에서 유명한 이자카야 중 하나로 꼽혔던 압구정의 '슈진'에서 일식을 배우고, 군자동에 'D-27'이라는 이자카야를 열었어요. 제가 하고 싶었던 이자카야는 색이 뚜렷했어요. 매장 입지를 보러 다녔을 때 조건이 뭐였는 줄 아세요? 주택가일 것, 이면도로에 있을 것, 10평보다 크지 않을 것. 어떤 분위기인지 바로 느낌이 오지요? '고독한 미식가'가 조용히 맛있는 안주와 술을 즐기고 가는 곳이었으면 했거든요. 그렇게 4년 정도 운영하다가 지난 2022년, D-27을 리브랜딩해 서울낙업을 오픈했습니다.

Q 단골 고객도 많이 있었을 것 같은데, 어떤 면에서 리브랜딩의 필요성을 느꼈나요?

A 조용한 주택 상권에서 제가 하고 싶은 일식 기반의 요리를 선보이는 일은 참 즐거웠습니다. D-27을 아지트처럼 여기는 단골 고객도 많이 생기고, 3년차에 접어들면서는 하루 매출 100만 원도 기록했어요. 테이블 5개뿐인 1인 매장에서요. 그 즈음이 D-27의 전성기였다고 생각하는데, 저는 그때 오히려 의문이 들었습니다. 왠지 10년 후의 D-27이 그려지지 않는 거예요. 제가 원래 돌아다니면서 많이 보고, 먹고, 느끼는 걸 좋아해요. 그래서 스트레스 해소 방법이 여행지에서의 혼술이었고, 그 취미가 저를 창업으로 이끌었지요. 이곳저곳 많이 다니면서 느낀 트렌드들을 내 가게에 담아보는 등 다양한 시도를 해보고 싶었는데, 실제 창업을 하니 그럴 여유가 없었어요. 1인 매장의 한계더라고요. 오래도록 지속 가능하게 브랜드를 운영하려면 빨리 방향을 틀어야겠다고 생각했어요. 어떻게 보면 욕심이 생긴 거죠. 아는 사람만 오는 감성 이자카야에서 한발 더 나아가, 트렌드를 반영하는 F&B 브랜드를 만들어 보자는···. 그래서 같은 해 가을, 좀 더 번화한 건대입구역 상권에서 서울낙업을 오픈하게 됐습니다.

Q 서울낙업이라는 상호가 재밌어요. 한자를 보기 전까지는 무슨 뜻인지 예측이 안 됐거든요.

A '서울 광진구에서 내가 즐거운(樂) 일(業)을 하자'는 뜻이에요. 잘되는 브랜드를 보면 지역을 기반으로 성장해가는 케이스가 많더라고요. 제가 광진구에서 자라서 이 지역에 대한 애정이 있기 때문에 광진구를 기반으로 성장하고 싶었고, 그래서 좀 넓게 '서울'이라는 단어를 가져갔어요. 또 일식이라는 카테고리 안에서 어떤 색깔의 브랜드를 만들어갈 수 있을까 고민했을 때 결국 '내가 좋아하는'에 집중하자는 결론을 내렸지요. 그 공통점 하나라면 이 브랜드로 무엇을 하든 모두 같은 색으로 귀결될 거라고 생각했기 때문이에요. 시끌벅적한 건대입구역 로데오거리 속, 조용한 뒷골목에서 정성스레 만든 맛있는 안주와 함께 차분히 대화할 수 있는 공간 만들기, 그게 제가 좋아하는 일이자 곧 서울낙업입니다.

스테디 메뉴 vs. 트렌디 메뉴 결정, 상권 파악이 첫 번째

Q 아무래도 조용한 주택가 상권에서 번화가 상권으로 나왔으니, 타깃이 달라지고 그에 따라 메뉴 리뉴얼도 필요했을 것 같아요. 달라진 상권에 맞게 메뉴를 구상할 때 가장 먼저 고민한 게 뭔가요?

A 경쟁이 치열한 먹자골목에 자리를 잡았기 때문에 바이럴 마케팅에 적합한 메뉴가 필수였습니다. 전에는 제가 하고 싶었던 걸 했다면, 이제는 메뉴 구성에 트렌드가 스며들어야 했죠. 그래서 술 마시러 건대입구에 오는 사람들이 뭘 많이 찾을까 고민했습니다. 생각해보니 요즘 소비자들은 "이자카야 가자"가 아니라 "○○ 먹으러 가자"고 좀 더 명확하게 표현하는 것 같더라고요. 그랬을 때 과연 서울낙업은 어

떤 메뉴를 파는 이자카야로 인식되면 좋을까 생각하다가 떠올린 게 하이볼과 연어예요. 당시만 해도 하이볼 전문점이 주변에 없었기 때문에 차별화가 될 것이라고 생각했고, 하이볼 메뉴를 열다섯 가지 정도로 다양화해서 하이볼을 메인으로 한다는 이미지를 각인시켰어요.

연어는 꽤 오랜 시간 동안 유행했고, 이제 트렌드를 넘어 한국인이 사랑하는 스테디셀러 중 하나라고 생각했습니다. 이전 매장에서 연어사시미를 판매했었는데 판매율이 꾸준히 좋기도 했고요. 연어를 가져가되 어떻게 풀면 좋을까 고민하다가, 모둠 참치에서 아이디어를 얻어 만든 게 연어모둠사시미입니다. 여덟 가지의 연어로 구성했는데요. 연어를 단순히 부위별로 나누는 것에 그치지 않고, 다져서 김을 곁들이거나 장으로 만들고, 그라블락스 숙성을 하는 등 다양하게 조리해 선보였어요. 연어가 당기는 날에는 자연스럽게 서울낙업을 찾을 수 있도록요. 그 외에 연어로 초밥, 후토마키, 소바 등 다양한 베리에이션 메뉴를 만들어 연어라는 키워드를 안주에서 식사 카테고리까지 확대했죠.

Q 기존에 있던 메뉴들 역시 새로운 상권과 브랜드에 맞게 새롭게 구성해야 했을 것 같아요.

A 서울낙업은 이것저것 다 파는 요리 주점의 이미지를 갖고 싶지 않았어요. 나름의 기준을 세워 가져갈 메뉴와 놓아줄 메뉴를 선택했어요. 크게 1) 서울낙업에서만 판매하는 특별 메뉴, 2) 트렌디한 요소가 들어간 메뉴, 3) 그동안 꾸준히 판매된 메뉴로 나눠서요. 예를 들어 현재 서울낙업은 두 가지의 나베만 판매합니다. 유행을 반영했던 마라나베, 밀푀유나베는 뺐어요. 서울낙업에서 나베의 역할은 여기서만 먹을 수 있는 특별 메뉴거든요. 육수, 쯔유, 소스 등 국물 요리를 구성하는 모든 요소를 직접 만들고 있는데, 고객들에게도 이 점을 강조합니다. 특히 차돌박이참깨나베는 지금 레시피를 잡기까지 3년의 시간이 걸릴 만큼 저의 스타일을 정성을 다해 녹

여낸, 다른 곳에서는 맛보기 어려운 나베이기 때문에 메인 아이템으로 선정했어요. 실제로 많은 고객이 찾고 있습니다.

또 일식에서 빼놓고 이야기할 수 없는 메뉴, 쿠시카츠를 오래 연구했어요. 일본을 몇 번씩 왔다 갔다 하면서 하루에 대여섯 개의 쿠시카츠 전문점을 방문하고 먹어보면서요. 오사카식 정통 튀김 반죽을 개발하는 데만 6개월 정도 걸린 것 같아요. 쿠시카츠는 정말 해보고 싶은 메뉴였기 때문에 눈물을 머금고 기존 튀김 메뉴를 손봤어요. 튀김 종류가 다양하면 쿠시카츠에 힘이 실리지 않기 때문이에요. 나머지 메뉴들은 제가 세운 규칙에 맞게 재구성해 스테디한 영역으로 가져갔습니다.

Q 자신만의 '규칙'을 만들어 메뉴를 분석한 것이 흥미롭습니다. 최종적으로 도출되는 결과는 소비자들의 니즈인 것 같고요. 나의 메뉴를 좀 더 객관적으로 바라볼 수 있는 방법인 것 같습니다. 규칙에 대해 좀 더 자세히 설명해주세요.

A 판매율과 원가를 기준으로 등급을 나눕니다. 두 기준에서 모두 1등급을 받았다면 그 메뉴는 무조건 살려요. 판매율에서는 등급이 좋지만 원가 면에서 등급이 낮다면 대체 재료를 찾아 재구성합니다. 반대로 원가율에서는 등급이 좋지만 판매율에

서 등급이 낮다면 플레이팅을 달리해 출시해보기도 하고요. 이러한 데이터를 통해 테스트를 거친 메뉴들이 서울낙업에서 판매되고 있고, 저는 1년 정도의 주기로 조금씩 스테디 메뉴에 변화를 주고 있어요. 이 모든 과정에서 합리적인 가격은 가장 중요하게 생각하는 기준점이에요. 제가 추구하는 브랜드의 방향성과도 맥을 같이 하고요. 맛있는 음식이 꼭 비싼 음식은 아니거든요. '동네에서도 충분히 맛있는 요리를 합리적인 가격에 즐길 수 있다, 그게 서울낙업이다.' 이런 가게이고 싶어요.

무조건 '싼' 가격이 정답은 아니었다

Q 대학가로 상권이 바뀌면서 메뉴의 종류는 물론 가격 등 다른 경쟁력도 고려했을 것 같습니다. 그 과정에서 판단을 잘못했던 부분이 있었는지, 그리고 이를 어떻게 극복했는지 궁금합니다.

A 서울낙업을 운영하면서 '적절한 가격'에 대한 나름의 깨달음을 얻게 됐어요. '합리적인 가격'이 결코 '싼 가격'을 뜻하는 건 아니더군요. 제가 젊은 대학가 상권으로 오면서 처음에 잘못 생각했던 게, 주머니 가벼운 대학생들을 대상으로 하려면 가격이 무조건 저렴해야 승산이 있다고 생각했던 거예요. 그래서 오픈 당시엔 지금보다 30% 정도 낮은 선에서 가격 책정을 했었습니다. 그런데 제가 고려할 대상은 고객뿐 아니라 경쟁 상대도 있더라고요. 제가 경쟁해야 할 대상은 '가성비 매장'을 콘셉트로 하는 곳들이었어요. 더군다나 그들은 자본력을 갖췄고요. 애초에 이 상권은 서울낙업이 가격 경쟁을 할 수 없었던 겁니다.

서울낙업이 소비되려면 '싼 가격'이 아니라 '합리적인 가격'이어야겠다고 생각을 바꿨어요. 실전 경험을 통해 깨달은 부분이죠. 그렇게 저희는 가성비보다는 '가심비'를 잡기로 했습니다. 좋은 재료를 사용하는 대신 가격을 좀 더 높게 책정했어요.

총 세 번에 걸쳐서 가격을 올렸는데, 소비자들은 오히려 수긍하더라고요. 물론 꾸준히 상승한 매출이 이를 방증합니다. 같은 고민을 하시는 분들께 단순히 가격으로 경쟁하기보다 상권에 맞춰 상품을 먼저 구성하고, 가격에 걸맞은 상품 가치와 경험 요소를 고민해보라고 조언하고 싶습니다.

수제의 가치로
원가와 브랜드 색깔을 캐치하다

Q 합리적인 가격을 유지하기 위해서 어떤 노력을 하시나요?

A 가장 근본적인 방법인데요, 모든 재료를 직접 만들어 메뉴의 원가를 낮춥니다. 시판 제품을 쓰면 편하고 일관된 맛을 낼 수 있죠. 하지만 그만큼 원가가 올라가요. 서울낙업은 음식에 들어가는 소스, 양념, 육수 등을 모두 직접 만듭니다. 그 덕분에 일반적인 매장의 경우 판매가 대비 원가가 40% 정도라고 한다면 서울낙업은 평균 30% 정도 돼요. 또 하루 5kg, 많게는 10kg까지도 소진하는 많은 양의 연어 메뉴를 만들기 위해서 연어 필레가 아닌 생연어를 구입해 직접 손질해요. 이미 손질된 연어 필레를 구입하면 훨씬 편하겠죠. 하지만 필레와 생연어 가격이 1.5배 이상 차이가 나요. 비용이 절감되니 좀 더 많은 양의 음식을 제공할 수 있고요. 더구나 소비자들은 '수제'라는 것에 더욱 높은 가치를 둡니다. 요즘은 시판 밀키트 같은 것도 잘 나오잖아요. 소비자들이 외식에서 찾고자 하는 가치도 사람의 손을 한 번이라도 더 거친 것, 내가 직접 하기 힘든 정성이 들어간 음식, 그런 게 아닐까요? 게다가 원가도 절감되니 수작업을 안 할 이유가 없죠. 음식에 진정성을 담으니 판매하는 저도 떳떳하고, 맛도 더 있으니 이렇게 만들어진 가성비, 가심비가 고객들이 서울낙업을 찾게 하는 가장 큰 원동력인 것 같습니다.

Q 브랜드가 자신만의 색을 갖추는 게 왜 중요할까요?

A F&B 시장에서는 소상공인이 자본가를 이기기 어려워요. 그럴 바에는 차라리 본인의 색깔을 찾아서 뚝심 있게 밀고 나가는 것이 승산 있다고 봅니다. 예를 들어 요즘 저가 생맥주를 판매하는 매장이 정말 많아요. 한 잔에 1900원에서 2500원 정도에 팔고 있거든요. 그런데 저희 생맥주는 9000원이에요. 가격 면에서는 그들과 게임이 되지 않죠. 대신 저희 생맥주는 색깔이 있어요. 서울낙업에 오는 고객들은 술을 고르고 안주를 고르는 게 아니라 안주를 고르고 그에 어울리는 술을 골라요. 물론 매출의 70%가 안주라는 데이터를 토대로 판단한 겁니다. 이 고객들은 저렴한 생맥주 대신 네 배나 비싼 맥주, 아니 맛있는 안주에 어울리는 맛있는 맥주에 기꺼이 지갑을 열 준비가 되어 있다고 판단했어요. 그게 맞았고요. 내 가게의 색이 뚜렷하다면, 고객들의 니즈도 비교적 정확하게 분석이 가능합니다. 그래서 저는 아무리 맛있다고 해도, 사람들이 많이 찾는다고 해도 서울낙업이나 저랑 어울리지 않으면 그 메뉴를 굳이 시도하지 않아요. 사실 메뉴 한두 개 추가하는 긴 문제기 이네요. 브랜드가 방향성을 잃는다는 게 문제죠.

'인사이트를 얻으려면, 인사이드하라', 시장도 변화하듯 식당도 끊임없이 진화해야 한다

Q 서울낙업과 어울리는 메뉴를 꾸준히 고민하실 것 같아요. 제품 테스트도 필수적으로 수반되어야 할 거고요. 신메뉴 개발과 적용은 어떤 방식으로 하시나요?

A '오늘의 메뉴'로 풀어내고 있어요. 오늘의 메뉴는 D-27 때부터 꾸준히 진행해왔는데요. 그때는 나태해지지 말자는 순수한 의미로 도입했어요. 맨날 만드는 것만 만들면 나도 모르게 쉽게 가려고 할 것 같아 오늘의 메뉴를 통해 매일매일 다른 메뉴들을

선보였죠. 그 덕분에 300~400개의 레시피를 개발할 수 있었고 서울낙업을 만드는 데 자양분이 됐어요. 서울낙업에서 오늘의 메뉴는 시장의 반응을 파악하는 장치예요. 오늘의 메뉴를 통해 테스트 중인 메뉴를 활용하고, 그에 대한 고객들의 반응을 살피고 있습니다. 현재는 히레카츠, 함박스테이크 등 공부하고 있는 메뉴들을 재료 소진 시까지 한정적으로 선보이고 있어요. 이 요리들은 추후 계획하고 있는 점심 메뉴가 될 수도 있고, 나중에 만들게 될 새로운 외식 브랜드의 아이템이 될 수도 있습니다.

Q 많은 사장님이 참고하면 좋을 메뉴 운영 방법이네요. 서울낙업이 계획하고 있는 점심 장사가 궁금해요.

A 요즘 경기가 너무 안 좋아요. 작은 영세 사업자들이 외식 브랜드를 안정적으로 운영하기 어려운 환경이 지속되고 있다고 생각해요. 평일에도 이자카야를 찾는 수요가 꾸준히 높으면 좋겠지만 평일 매출과 주말 매출이 두 배 이상 차이가 납니다. 이 불균형의 폭을 줄이기 위해 점심 장사를 시작할 예정이에요. '인사이트를 얻으려면 인사이드하라'라는 말도 있잖아요. 점심 메뉴에 대한 수요를 파악하고 시장을 경험해서 데이터를 만들 필요성을 느꼈어요. 이같이 판단한 데에는 여러 근거가 있는데요. 먼저 아까 잠깐 이야기했듯 서울낙업 매출의 70%가 음식값이라는 거예요. 처음 서울낙업이 표방한 콘셉트도 맛있는 이자카야고요. 그만큼 식사 메뉴에 대한 수요가 있을 것이라고 판단했습니다. 두 번째로 이자카야치고는 수요 시간대의 호흡이 일러요. 평일 오픈 시간인 오후 4시부터 손님이 오고 피크 타임이 저녁 8~9시거든요. 2, 3차로 오는 고객은 점점 줄고 있고요. 그런데 이게 또 서울낙업만의 현상은 아니더라고요. 전체적으로 저녁 늦게까지 술을 마시는 문화가 옅어지고 있는 것 같아요. 그렇다면 오픈 시간을 당겨서 점심 장사와 저녁 장사를 같이 이어서 하는 방법이 좋을 것 같아요. 자연스레 운영 시간을 줄이고요.

Q D-27에서 서울낙업으로 리브랜딩했을 때처럼 달라지는 트렌드 속에서 오래 브랜드를 이끌어가기 위한 방법을 고민하고 계시는 중인 것 같아요. 그런데 혹시라도 갑자기 달라지는 콘셉트에 고객들이 당황스러워할 수도 있지 않을까요?

A 처음부터 점심시간 운영을 정식적으로 하진 않을 거고요. 팝업 형식으로 일정 기간 동안 운영할 겁니다. 오늘의 메뉴와 서비스 안주로 점심 메뉴들을 선보여 팝업 계획을 홍보하고요. 인스타그램을 통해서 서울낙업이 고민하고 있는 것들과 음식을 향한 진정성을 보여주고 있는데요. 궁극적으로 서울낙업이 지향하는 건 '맛있는 일식'이라는 것을 알릴 거예요. 잘 만든 점심 메뉴는 서울낙업이 추구하는 일식의 전문성을 더 강화해줄 것이라 기대합니다. 점심 메뉴는 일상적으로 즐겨도 부담이 없는 일본 가정식을 선보이려고 합니다. 좋은 쌀로 지은 밥, 국, 일본 전통 반찬으로 구성한 가정식으로요. 주머니 가벼운 직장인들이 부담스럽지 않게 방문하도록 가격 문턱을 낮추고요. 스테디한 메뉴를 통해서 점심은 일상식에 특화되고, 트렌디하면서 색이 강한 메뉴를 통해 저녁은 외식에 특화된 가게로 운영해보려고 합니다.

Q 변화하는 시장에 맞게 서울낙업이 준비하는 또 다른 시도가 있을까요?

A 주류 메뉴에 변화를 주려고 해요. 2022년 서울낙업 오픈 당시와는 달리 지금은 하이볼 매장이 너무 많아요. 더 이상 하이볼로는 경쟁력을 확보할 수 없습니다. 하이볼의 역할을 대체하는 아이템으로 고려하고 있는 게 '사케 잔술'이에요. 이자카야에서 주류의 스펙트럼을 보여줄 수 있는 것으로는 사케만 한 게 없잖아요. 마침 지난 5월 말부터 '잔술 판매'가 법적으로 허용됐어요. 서너 가지 사케를 샘플러로 구성해 고객들이 다양한 사케를 경험하게 하려고 해요. 하이볼의 주요 소비층은 20~30대 여성이었어요. 그들이 선호했던 맛과 비슷하게 사케 역시 달콤하고 상큼한 플레이버로 선택할 예정입니다. 잔술은 트렌디 아이템을 대체함과 동시에 고객에게 경험을 제공한다는 측면에서도 유의미해요. 고객 경험이 주요 키워드로 떠오

르고 있잖아요. 저는 고객이 서울낙업에서만 만날 수 있는 다양한 경험을 늘 고민합니다. 제가 여행지에서 모은 술잔을 매장 한쪽에 진열해놨는데, 고객들이 원하는 술잔을 직접 골라 사용할 수 있어요. 자신이 직접 술잔을 선택하는 사소한 재미에서 고객들은 큰 만족을 느끼더라고요. 또 '시즌 메뉴'라는 아이템을 통해 비가 오거나 눈이 오는 날에만 오코노미야키나 야키소바를 먹을 수 있는 경험을 제공해요. 고객들이 '한정판'이라는 감성을 소비할 수 있게 하는 거죠.

영업 중에도 놓지 않은 장사 공부, 막연한 고민에 해답을 주다

Q 창업을 고민하는 사장님들에게 해주고 싶은 말이 있다면요?

A 끊임없이 공부하라고 말씀드리고 싶어요. 창업 진에는 열심히 공부하다가 창업 후에 배움을 놓는 분들이 계세요. 전 그러면 안 된다고 생각합니다. 창업 후가 오히려 더 중요해요. 트렌드가 너무 빠르게 변하기 때문이에요. 경쟁사도 그만큼 많이 생기고요. 저 역시 계속해서 공부했고 그래서 이 정도 유지할 수 있었다고 생각해요. 창업 전 3년 정도 현업에서 배우면서 창업을 준비했지만 요리에 대한 지식만 있지, 장사에 대한 지식은 전무했거든요. 그때 배민아카데미에서 정말 많이 배웠습니다. 혼자 매장을 운영하면서도 일주일에 두세 개 강의를 들었고, 이제는 배민아카데미에서 강연자로 나설 때도 있지만 여전히 수강생으로 참석하기도 해요. 언제 어디서 어떤 인사이트를 얻을 수 있을지 모르거든요. 다시 말하지만 시장은 빠르게 변합니다. 어떤 아이템으로 누구를 어떻게 공략할 건지 늘 고민해야 살아남을 수 있어요. 고민은 막연하면 안 됩니다. 목표를 설정하고, 결과를 측정하고, 데이터를 만들어야 해요. 이걸 토대로 내디딘 다음 스텝이 내 브랜드의 색이자 정체성이 됩니다. ●

③ 메뉴 기획

코로나 팬데믹 이후 급성장한 온라인 음식 배달 시장은 경쟁이 치열합니다. 배달 앱을 열면 고객의 선택을 기다리는 수많은 브랜드가 등장하죠. 음식 종류도 너무나 다양합니다. 손맛 하나는 자신 있지만 배달 앱 속에서 이를 제대로 전달해 수많은 가게 중 고객의 선택을 받기는 쉽지 않습니다. 상위 노출을 위한 광고도, 쿠폰 발행도 개인 매장은 지속하는 데에 한계가 있지요. 지역 소비자 대상으로 장사를 해야 하니 한 번 주문한 고객들을 단골로 만드는 것도 필수일 것 같고요. 이에 배달 전문 외식업만의 특화된 전략이 필요할 것 같습니다. 대형 프랜차이즈에는 없는, 작은 브랜드만의 강점을 살리는 것도 중요하고요. 배달 전문 스몰 브랜드, 복잡한 경쟁 구도 속에서 어떻게 하면 소비자의 마음을 사로잡을 수 있을까요?

팔공냉면

서재일 사장님

다양한 메뉴가 좋을까, 간소한 메뉴가 좋을까?

전문성을 강조한 간소한 메뉴, 배달 전문점
다(多)브랜드 성공 전략

치열한 배달 전문 외식 시장. 다브랜드 전략으로 배달 전문 사업을 성장시킨 '팔공냉면'에서 해결 방법을 찾을 수 있습니다. 배달 상권 범위의 고객 니즈를 맞춤 분석하고 계절과 시간대별 운용 효율성을 고려해 5년 동안 팔공냉면 등 5개의 브랜드로 늘려나간 결과, 월 평균 매출 1억원이 훌쩍 넘는 확고한 지역 맛집으로 등극했습니다. 정갈하고 깨끗한 음식을 절대 원칙으로 전문성과 서비스에 집중한 결과입니다.

위생 관리, 전문성, 서비스로 무장한
배달 브랜드로 새로운 도전

Q 사장님을 소개해주세요. 어떻게 배달 전문점을 시작하게 되셨나요?

A 서울 송파구 석촌동에서 5개 브랜드의 배달 전문 매장을 운영하는 서재일입니다. 정갈하고 깨끗한 음식을 원칙으로 냉면 전문점 '팔공냉면', 연탄구이 삼겹살 전문점 '육집으로', 김치찌개 전문점 '인생김치찌개', 갈비탕 전문점 '제일면옥', 죽 전문점 '파파죽' 모두 5개의 배달 전문점을 1년 365일 24시간 가동하고 있습니다.

외식업을 시작한 지는 5년 정도 되었고, 그 전에는 15년 넘게 의류 판매업을 했어요. 오랫동안 같은 일을 하다 보니 다른 분야에 도전해보고 싶다는 생각이 들었습니다. 연탄구이 삼겹살 배달 전문점을 운영하던 지인의 권유로 음식 만드는 법을 배웠는데 아주 흥미로웠어요. 지극히 대중적인 메뉴인 삼겹살을 구워서 배달하는 점이 매

력적이었고, 처음 오픈할 때는 배달 전문점이 지금처럼 활성화되지 않았던 시기였기에 새로운 시장의 성장 가능성을 보고 오픈했습니다.

Q 의류업에서 외식업으로 큰 변화였네요. 새로운 분야에 도전하면서 어려운 상황도 마주했을 텐데요, 어떻게 극복하려고 노력했나요?

A 아내와 둘이서 쉬는 날도 없이 밤낮으로 운영하니 정말 많이 지쳤습니다. 육체적, 정신적 한계에 부딪혔죠. 피곤함을 덜어내려는 급한 마음에 무작위로 직원을 채용했더니 퇴사율만 높아지더군요. 일손은 부족하고 직원은 계속 나가니 근본적인 문제가 무엇일까 고민하기 시작했습니다. 돌파구를 찾지 않으면 장사를 계속할 수 없겠다는 생각에 책을 읽으면서 공부를 했습니다. 외식 운영, 직원 관리, 자기 개발, 인문학 등 다양한 분야의 책을 집중하며 읽다 보니 제 자신이 달라지더군요. 책을 통해 긍정적인 마인드와 자신감을 얻게 되었습니다.

인문학 서적과 조직 관리 성공 사례를 읽으면서 직원의 마음을 이해하고, 직원의 경력보다 태도가 중요하다는 걸 알게 되었어요. 이제는 직원의 마인드, 적응력, 발전 가능성에 중점을 두고 채용하니 문제없이 잘 운영되고 있습니다.

내적인 부분은 책으로 채웠다면 장사의 기술적인 부분은 배민아카데미가 큰 도움이 되었습니다. 저희 매장이 배민아카데미와 인접해 있어 온·오프라인 강의를 잘 활용할 수 있었는데요, 현업에 종사하는 사장님들의 이야기를 들으며 현장에서 유용한 정보를 얻고 인사이트를 갖게 되었습니다. 책을 통해 장사 마인드와 개념을 익혔다면, 배민아카데미에서는 실전에 바로 적용 가능한 실질적인 장사 노하우를 배웠습니다.

특히 브랜딩 수업을 통해 장사에도 철학과 슬로건이 필요하다는 브랜딩의 개념을 알게 되면서 우리 매장의 철학을 세우게 되었어요. '손님에게 정갈하고 깨끗한 음식을 드리고 싶은 마음'. 큰 목표 하나를 세우니 신기하게 그 다음 방법들이 보이기 시작했습니다.

Q 요즘 배달 음식 경쟁이 치열합니다. 배달 전문점에 대한 부정적 인식과 오해에도 불구하고 월 평균 매출 1억원 이상의 지역 맛집으로 인정받은 비결은 무엇일까요?

A 위생 관리, 전문성, 서비스로 고객과 쌓은 신뢰감. 이 세 가지가 비결입니다. 특별한 것이 아니라고 생각할 수도 있지만, 이게 핵심이더라고요. 흔히 배달 전문점은 비위생적이고 맛의 전문성이 부족하다고 생각합니다. 저는 이 인식을 깨트리는 데서 시작했어요. 저희 매장에서 강조하는 원칙은 '포장 용기는 청결하게, 음식은 가지런하게!'입니다. 배달 전문점에서는 드물게 식약처 인증 위생 등급(그것도 별 3개 '매우 우수' 단계)을 받아 위생 관리에 대한 고객의 신뢰도를 높인 부분이 가장 큰 강점이에요. 조리 과정부터 배달되었을 때 음식 상태까지 깨끗하고 정갈하다는 인식을 전달하고자 노력하고 있습니다. 화려한 비주얼, 공격적인 마케팅은 개인 매장에서 적용하기엔 현실적으로 힘든 부분이 있고, 효과도 지속적이지 않을 수 있습니다. 특정 지역 기반으로 장사를 하는 배달 전문 매장 특성상 지역 고객들이 일상 속에서 꾸준히 찾는 음식이 뭘까, 신뢰감을 줄 수 있는 방법이 뭘까 고민했습니다.

또한 배달 앱 화면을 보면 주문 음식별로 카테고리가 나뉘어 있잖아요. 이용자들은 특정 브랜드의 음식을 주문하는 경우를 제외하면 배달 앱을 켜고 '뭘 먹을지' 결정한 뒤 식당을 고릅니다. 그래서 여러 메뉴를 모두 다루는 배달 음식점이 아니라 냉면 전문, 김치찌개 전문, 죽 전문 등 전문성을 강조한 개별 브랜드로 구별해서 맛에 대한 신뢰도도 높이고 전문점이라는 인식도 심어줄 수 있도록 노출했습니다.

계절별, 시간대별 운영 효율성과
전문성을 갖춘 다브랜드로 사업 확장

Q 한 업체 안에서 다메뉴 전략이 아닌, 간소한 전문 메뉴의 다브랜드 전략으로

사업을 확장했습니다. 그 이유가 궁금합니다.

A 앞에서 언급했듯이 배달 브랜드지만 전문성을 강조하고 싶었습니다. 전문성은 고객에게 신뢰감으로 연결됩니다. 배달 애플리케이션을 열고 냉면을 주문하려고 할 때 여러 가게 중 고객의 선택은 '○○냉면' 간판을 내건 냉면 전문점으로 향할 가능성이 훨씬 높습니다. 처음 주문하는 곳이라 해도 전문점이기에 만족도가 높을 것이라 기대하기 때문이죠.

하나의 브랜드에 다양한 메뉴를 추가하면 다양한 입맛을 만족시키면서 고객이 더 많이 유입되지 않을까 고민도 해봤어요. 하지만 특징이 명확한 전문점이어야 고객에게 오랫동안 각인될 수 있다는 판단을 했고 적중한 셈이죠. 우리 동네에서 '냉면 하면 여기, 김치찌개 하면 여기' 이렇게 인식되니 단골손님이 충성 고객이 되고, 다섯 브랜드 모두 흔들림 없이 안정적으로 운영 가능하게 되었습니다.

Q 삼겹살구이에서 죽까지, 각 브랜드의 메뉴 카테고리가 다양합니다. 이이템 선정은 어떤 기준으로 했나요?

A 연탄구이 삼겹살 배달 전문점 육집으로를 처음 오픈하고 운영해보니 겨울 대비 여름철 매출이 저조했어요. 계절에 상관없이 꾸준한 매출을 올릴 수 있는 메뉴에 대해 고민하던 중, 식자재를 공유할 수 있는 메뉴를 찾아보았습니다. 고깃집에 항상 있는 재료인 고기와 김치, 파로 만들 수 있는 메뉴로 후보군을 좁혔더니 김치찌개가 떠올랐고, 그렇게 두 번째 브랜드 인생김치찌개가 탄생했습니다.

하지만 두 개의 브랜드를 같이 운영했는데도 여름철 매출이 기대에 미치지 못해 여름 공략 메뉴를 다시 고민하다가 냉면을 선택했어요. 팔공냉면이 성공적으로 안착한 후 갈비탕 전문 제일면옥까지 합류했고요. 이렇게 여러 브랜드로 매장을 운영하니 계절의 변수가 줄어들고 매출도 많이 상승했습니다. 하지만 배달 주문 수가 급감소하는 새벽 시간대에는 대책이 필요했죠. 이번에는 24시간 시간대별로 매출이 지속적으로 발생하는 구조를 만들고 싶었습니다. 이를 위해서는 새벽과 아침에 많이 찾는 메뉴가 필요했고, 죽 전문 브랜드 파파죽을 시작하게 되었습니다.

시간대별, 계절별 운영 효율성에 맞춰 메뉴를 선정하고 5개의 브랜드를 운영하니, 주문 수가 일정하게 유지되고 24시간 시간대별로 매출이 발생되는 안정적인 구조로 자리 잡았습니다.

배달 전문 다브랜드 특수성을 고려한 시스템과 메뉴 구성으로 안정적인 운영

Q 24시간 내내 여러 브랜드를 운영하려면 체계적인 시스템이 필요해 보입니다. 다브랜드 운영에서 중요한 부분은 무엇일까요?

A 제가 잘하고 있는 것 중 하나가 매장의 모든 작업을 매뉴얼로 만들고 시스템화한 것입니다. 사장이 없어도 한 방향으로 갈 수 있도록 말이죠. 제가 직접 시뮬레이션해본 후, 혼자서도 소화할 수 있는 시스템을 만들고 직원을 시간대별로 적절하게 배치했어요. 음식 조리 방법, 음식 포장 방법, 전화 대응 방법, 불편 사항 대처 방법 등 세분화한 매뉴얼이 모두 정리돼 있습니다.

또 하나, 다브랜드 운영에서 식자재 효율성은 매우 중요합니다. 신메뉴를 개발할 때는 공통 식자재 활용을 전제로 하고, 공통으로 사용되는 채소는 매일 아침 담당 직원이 당일 사용 분량을 손질해서 신선한 상태로 관리합니다. 좋은 식재료에서 좋은 음식 맛이 나는 건 당연한 이치죠. 그래서 좋은 식재료를 발굴하려고 항상 노력하는데요, 종합 식자재 납품업체보다는 식재료별 전문 업체를 통해서 구입합니다. 김치, 쌀, 달걀 등 각 아이템별로 전문 업체를 선별해서 식재료의 퀄리티를 유지하고 있죠. 지속적으로 꾸준히 거래하다 보니 거래처 사장님들이 금액을 낮춰주기도 해서

재료비 절감 효과도 보고 있습니다.

Q 변하는 고객의 니즈를 반영한 세트 메뉴로 매출과 고객 만족도 모두 상승 효과를 보았습니다. 다브랜드 운영이 메뉴 구성에 유리했다고요?

A 요즘 '혼밥' 하는 1인 가구가 정말 많이 증가했습니다. 흐름에 맞춰 니즈를 반영한 1인 세트 메뉴를 구성하니 반응이 좋았습니다. 보통은 메인 메뉴와 사이드 메뉴로 세트 구성을 하는데, 저희는 각 브랜드별 인기 품목의 그램 수를 줄여 세트로 구성했습니다. 예를 들면, 냉면과 직화불고기 세트, 갈비탕과 만두 세트, 비빔냉면과 물냉면 고민 없는 반반냉면 등이 있어요. 인기 메뉴로 한 끼 식사가 가능한 세트 메뉴를 구성하니 객단가도 높아지고 주문 수도 늘어났으며 고객 만족도도 자연스럽게 높아졌습니다.

Q 5개 브랜드가 하나의 주방을 사용하고 있습니다. 조리 과정의 스피드와 효율성을 위해 구성한 '세 걸음 동선'을 설명해주세요.

A 여러 개의 브랜드를 운영하니 주방 동선을 효율적으로 만드는 데 고민이 많았습니다. 지금은 배달 음식에 최적화된 세 걸음 동선을 적용해서 냉장고, 선반, 싱크대까지 센터 중심으로 세 걸음 안에 움직일 수 있도록 구성했어요. 조리 시 가장 많이 쓰는 육수 냉장고를 센터에 두고 그 옆에 각각 냉장고와 싱크대를 배치했죠. 육수통 위치에서 화구와 싱크대 거리 세 걸음, 김치찌개 냉장고 위치에서 화구와 싱크대 거리 세 걸음, 냉면 냉장고 위치에서 화구와 싱크대 거리 세 걸음. 이렇게 동선을 분석해서 최소화하면 하루에 200~300개의 많은 주문량도 흔들리지 않고 감당할 수 있습니다. 직원의 피로도도 낮아지니 다브랜드를 운영하는 사장님들은 주방 동선을 시스템화하시길 권합니다.

저도 처음부터 이 동선을 적용하지는 않았어요. 주문량이 증가하는 시점이 오면 그

때 과감하게 변화를 줘야 합니다. 이 동선을 만들기까지 여러 방법으로 바꿔보며 테스트하는 과정이 있었고, 그 결과 가장 효율적인 세 걸음 동선을 구축하게 되었어요. 도시가스, 수도 다 변경하면서 바꿀 수 있는 과감함이 필요합니다. 당장의 지출 때문에 다음으로 미루면 늘어난 주문량에 대응하는 직원의 피로도가 높아지고 다른 문제를 야기할 수 있어요. 주방 동선이 짧아지면 직원의 능력치도 그만큼 증가합니다.

Q 배달 전문점으로서 포장과 배달에 더 신경 쓴 부분이 있나요?

A 메뉴가 돋보일 수 있도록 음식 담음새는 최대한 정갈하게, 용기는 깨끗하게 포

장합니다. 브랜드마다 개별 포장 봉투를 사용해 봉투에 적힌 상호만 보더라도 전문점으로 인식될 수 있도록 하고요. 따뜻한 음식은 온기를 유지하도록 보온 포장하고, 온도가 다른 따뜻한 음식과 차가운 음식은 나눠서 포장하니 고객들이 세심한 서비스에 감동했다는 말씀을 많이 해주십니다.

또 배달 전문 매장이기에 배달 기사님과의 소통을 중요하게 생각합니다. 안부 인사와 함께 음료수를 전하며 배달 기사님과 친해지니 저희 음식은 더 신경 써서 안정적으로 고객에게 배달해주시더라고요. 신속하게 그리고 흐트러짐 없이 정갈하게 담긴 음식을 받아본 고객은 저희 음식에 긍정적인 리뷰를 남기면서 지역 배달 맛집으로 인지도를 넓힐 수 있었습니다.

사업의 기본은 직원과의 신뢰감
그리고 고객과의 신뢰감

Q 24시간 3교대 근무가 직원에게는 악조건일 수 있습니다. 그럼에도 불구하고 직원의 퇴사율은 매우 낮습니다.

A 사업 초기에는 직원의 잦은 퇴사로 어려움이 있었는데, 공부를 하면서 제 마인드가 달라지니 지금 직원들과는 3~5년째 같이 일하고 있어요. 믿고 따라오는 직원들의 긍정적인 모습을 보면서 매번 감사함과 행복함을 느낍니다.

직원들에게 브랜드의 철학과 슬로건을 이해시키는 게 중요한 것 같아요. 무조건 깨끗하게 하라고만 하면 그 적용 기준은 사람마다 다를 수밖에 없습니다. 조리 방법, 음식 담는 방법, 청소 방법 등 모든 과정을 매뉴얼로 만들어 직원들을 교육해야 하지요. '깨끗한 음식을 만들자'라는 브랜드가 추구하는 큰 방향을 지속적으로 공유하면 왜 정갈하고 깨끗해야 하는지에 대해 직원 스스로 이해하고 따라오게 됩니다.

그리고 직원의 복지와 휴일, 퇴직금은 명확하게 전달하고 포상금 이벤트로 동기를 부여하며 계속 일하고 싶은 근무 환경을 조성하려고 노력합니다. 요즘 직원들은 급여만큼 휴무일도 중요하게 생각하기에 여름 휴가철이 아니어도 개인 일정에 맞춰 휴가를 갈 수 있도록 탄력적으로 운영하고 있습니다. 직원 수칙이나 청소 방법, 이달의 우수 사원 포상금 제도 등은 언제 어디서든 볼 수 있도록 매장 곳곳에 배치해 두었어요. 말로 하는 것보다 시각적으로 눈앞에 바로 보이는 게 중요하니까요.

저는 직원들과의 신뢰감도 중요하게 생각합니다. 매장 안에서의 요구 사항은 당일 즉시 처리하려고 합니다. 직원의 이야기를 들어주고 신뢰감이 쌓여야 지속적으로 오래 같이 일할 수 있기 때문이지요.

Q 배달 전문 매장은 평점, 리뷰, 댓글 하나하나가 영업에 큰 영향을 주기에 디테일한 리뷰 관리가 필요하죠. 마케팅 수단으로서 리뷰를 관리하고 고객과 소통하는 노하우가 있나요?

A 배달 전문점은 댓글이 고객과의 유일한 접점입니다. 리뷰와 댓글을 홍보 수단으로 잘 활용하는 것은 매우 중요하지요. 포토 리뷰 왕 콘테스트, 사행시 짓기 콘테스트 등 리뷰를 유도하는 참여형 이벤트를 개최하는 것도 그런 이유에서입니다. 고객에게는 재미를 주고, 브랜드에는 리뷰가 쌓이는 긍정적인 효과가 있어요. 그리고 음식을 받는 순간 고객의 기분이 좋아질 수 있도록 요청 사항이나 메시지를 남긴 고객에게는 영수증에 손편지를 남겨 친밀하게 소통하고 있습니다.

고객 리뷰의 댓글은 아무리 바빠도 제가 직접 다 읽으며 관리하고 있습니다. 5개 브랜드를 모두 관리하는 데 어려움이 있지만, 그럼에도 불구하고 리뷰 마케팅 업체를 통하지 않는 이유는 저희 브랜드에 대한 고객의 의견을 들을 수 있는 유일한 창구이기 때문입니다. 리뷰를 통해 고객의 니즈를 파악하고 문제점은 개선해나가고 있어요. 고객에게 우리 브랜드를 알리고 신뢰감을 전달하는 방법이기도 하고요.

Q 배달 전문점을 준비하는 사장님들께 조언을 한다면요?

A 창업을 하기 전, 반드시 배달 전문점에서 경험을 쌓으세요. 일반 음식점과 배달 전문점은 분명 다릅니다. 주방 동선, 고객 응대 등 많은 부분에서 차이가 있어요. 가게를 오픈할 지역의 배달 시장 규모와 상권을 분석하고 배달 전문점에서 배운 방법을 적용하면서 브랜드에 맞는 차별화 포인트를 찾아야 합니다. 그리고 배달 상권 범위가 제한적이므로 하나의 브랜드에서 수평 확장하기보다는 다브랜드로 확장하는 것이 목표 매출 달성에 유리합니다.

배달 변수를 줄이는 것도 중요합니다. 아무리 위생적으로 조리하고 정갈하게 담은 음식이라도 배달 라이더의 손에 건네고 난 뒤엔 어떻게 할 방법이 없어요. 포장 용기, 포장 방법을 다양하게 시뮬레이션하며 배달 시 일어날 수 있는 문제를 줄여야 해요. 음식이 포장 용기 안에서 20~30분 후 어떻게 변하는지 상온에서 또는 냉장고에서 테스트하면서 음식 퀄리티를 조절해야 합니다.

그리고 마지막으로, 장사에도 철학이 필요합니다. 브랜드에 맞는 철학과 원칙을 세우면 그 다음 단계가 보일 겁니다. 제가 경험했듯이 말이죠. ●

메뉴

"단일 메뉴 vs. 다양한 메뉴, 어떤 구성이 유리할까?"

신동민
(현) '멘야미코', '당옥' 오너 셰프, '마스터셰프' 채널 운영

◆◆◆

식당의 본질은 무엇일까요? 가장 먼저 머릿속에 '맛있는 음식'을 떠올리지 않았나요? '장사'란 소비자가 필요한 무언가에 값을 매겨 판매하는 것이죠. 식당에 방문한 손님은 비용을 지불하고 음식 상품을 구매하는 겁니다. 아무리 시대가 변해도 외식업에서 음식의 '맛'은 가장 중요한 가치이자 본질임은 변하지 않을 요소겠지요. 하지만 외식업 내 경쟁이 치열해지면서 음식점의 수준이 점차 상향 평준화되고 있습니다. 고객들의 눈높이도 날로 높아지고 있어요. 오로지 '맛'만 있어서는 생존하기 힘든 환경 속에서, 음식 상품을 구성할 때 보다 치밀한 전략이 필요할 것 같습니다. 식당의 본질인 맛과 나만의 정체성을 지키면서도 경쟁력을 지닌 메뉴, 어떻게 구성하면 좋을까요?

TIP ❶

"규모가 작거나 초보 사장님이라면
단일 메뉴 운영이 더욱 유리해요"

Q _ 단일 메뉴! 다양한 메뉴! 어떤 메뉴가 좋은 선택일까요?

A _ 매장 운영에서 단일 메뉴와 다양한 메뉴 중 어떤 것을 선택할지는 매우 중요한 결정입니다. 전체 브랜드의 콘셉트를 결정하는 주요 요소가 되겠지요. 단일 메뉴는 어떤 장점이 있을까요? 우선 1) 전문성을 강조할 수 있고, 2) 재료의 수급과 관리가 용이하며, 3) 조리 시간이 짧아 빠른 서비스가 가능하고, 4) 메뉴의 가격을 낮추기 쉽다는 장점이 있습니다.

반대로 다양한 메뉴를 세팅한 경우는 어떨까요? 1) 재료의 회전율이 높아 신선도를 유지하기 쉽고, 2) 손님들의 다양한 취향에 맞는 서비스를 제공할 수 있으며, 3) 혼밥 고객은 물론 가족, 연인, 직장인, 단체 손님 등 연령층에 상관없이 손님들을 유입할 수 있다는 장점이 있습니다.

전문가 입장에서는 개인이 운영하는 작은 가게일수록 단일 메뉴 매장으로 선택과 집중을 해서 전문점을 만드는 것이 더 나은 선택이라고 생각합니다. 우선 적은 자본으로도 운영이 가능하고, 운영 측면에서도 조리 준비 시간이 단축돼 노동 효율이 높으며, 제공 속도를 단축시켜 보다 질 좋은 서비스를 제공할 수 있기 때문입니다. 또한 구인, 인력 관리는 모든 사장님의 고민거리인데요, 메뉴가 간소할수록 직원 교육 면에서도 보다 수월하고 빠르게 숙련도를 높일 수 있습니다. 서비스 난도가 낮은 만큼 구인도 유리해지고요. 특히 앞으로 외식업계에서 정직원 구인이 더욱 어려워질 것으로 예상되므로 아르바이트 고용으로 서비스 공백의 리스크를 최소화하고 탄력적인 인력 운영을 통해 보다 효율적인 수익 구조를 가져갈 수 있습니다.

하지만 가게가 지속적으로 성장하려면 단일 메뉴만을 계속 고집할 수는 없을 것입니다. 매출이 정체되어 돌파구를 찾아야 하거나, 새롭게 개발한 메뉴를 테스트해보고 싶거나, 자주 오는 단골손님이 늘어나면 신선함, 다양성을 추구하고 싶은 마음이 들 거예요.
그런 경우에는 단일 메뉴 운영은 유지하되, 계절성을 활용해보는 것을 추천드립니다. 제철에 맞는 요리를 추가해 매장의 이미지와 손님들의 만족도를 높이는 것도 좋은 방법입니다. 시즌 메뉴는 그 시기에만 한정적으로 먹을 수 있다는 특징 덕분에 방문 유도에 유리하며 매장의 마케팅 포인트로 활용하기에도 좋습니다. 소중한 손님들에게 계절의 변화를 체감하고 그 시기를 기억할 수 있는 즐거운 이벤트를 만들어주세요.
이상의 특징들을 참고해 상권 특성과 자본, 아이템, 손님의 취향과 상황을 고려하여 단일 메뉴와 다양한 메뉴를 적절히 선택하는 것이 중요합니다. 꾸준한 모니터링을 통해 메뉴의 구성과 가격, 서비스 등을 지속적으로 개선해 손님들의 만족도를 높여가시기 바랍니다.

TIP ❷

"상권 특성에 맞는 트렌드를 캐치하되
나만의 색깔을 놓치지 않아야 해요"

Q _ 매년 바뀌는 음식 트렌드, 변화를 따라가자니 정체성이 흔들릴 것 같고, 머물러 있자니 유행에 뒤처지는 것 같아요. 트렌드에 따른 메뉴 변화, 반드시 필요할까요?

A _ 매년 바뀌는 음식 트렌드에 맞게 변화를 주어야 할지, 기존의 메뉴를 고수할지에 대해서 고민한다면 다음과 같은 관점에서 신중히 생각해볼 필요가 있습니다.
먼저 트렌드에 맞게 지속적인 변화를 준다면 어떤 장점이 있을까요? 고객의 요구에 부합하는 메뉴를 제공함으로써 고객 만족도를 높일 수 있고, 경쟁 업체와의 차별화를 통해 경쟁력을 강화할 수 있으며, 신규 고객 유입 유도와 고객층 확장의 계기로 작용할 수 있습니다. 또한 트렌드를 반영한 메뉴의 반응이 좋다면 새로운 수익 창출의 기회를 얻을 수도 있습니다.

하지만 변화를 주는 것은 단점도 있습니다. 변화는 곧 비용이에요. 메뉴 개발, 식재료 구매, 조리 방법 변경에는 그에 따른 시간과 비용이 수반됩니다. 메뉴 테스트를 위한 식재료 비용과 추가 교육을 위한 인건비, 신메뉴를 위한 기물 구매와 주방 동선 변경에 따른 시설 투자비, 신메뉴를 알리기 위한 홍보비 등 다양한 자원의 투입이 필요하기 때문이죠. 또한 새로운 메뉴가 기존 고객의 입맛에 맞지 않을 경우 기존 고객의 이탈이 발생할 수 있으며, 트렌드만을 고려하다 보면 새로운 메뉴가 기존 메뉴와 결이 맞지 않아 자칫 브랜드의 정체성을 해칠 수도 있습니다.

트렌드에 맞는 외식 상품으로 변화를 추구하고자 할 경우 트렌드가 반드시 '젊은 감각'을 대변하는 것은 아니라는 말씀을 꼭 드리고 싶습니다. 오로지 젊은 세대가 열광하는 트렌드만을 좇기보다는 자신의 상권에서 구매력을 발휘할 수 있는 세대를 파악해 그에 맞는 트렌드를 캐치하고 메뉴를 구성하는 것이 중요하지요. 1인 가구가 많은 상권인지, 혹은 고령 인구가 많은 상권인지에 따라 요구되는 외식 상품과 트렌드가 각각 다를 것입니다. 국내의 경우 분명한 흐름으로 나타나고 있는 저출산, 고령화의 문제를 고려해 세대별, 라이프스타일별로 추구하는 각자의 트렌드를 파악해 빠르게 외식 상품으로 접목한다면 트렌드를 좇는 것이 아닌 만들어내는 결과를 가져올 수도 있을 것입니다.

위의 사항들을 고려해 내 가게만의 색깔 있는 시그니처 메뉴를 개발하고 인스타그램, 릴스, 유튜브 쇼츠 등 SNS를 활용해 알리는 것도 중요합니다. 온라인 홍보를 염두에 두고 효과를 극대화할 수 있는 방향으로 메뉴에 비주얼과 퍼포먼스 요소를 반영해보는 것도 좋습니다.

변화를 줄 때는 시장의 변화에 따라 유연하게 대처하면서도 자신만의 색깔을 잃지 않아야 합니다. 새로운 메뉴를 기획할 때는 기존 메뉴와의 조화를 반드시 고려해야 하며 변화를 위해 충분한 시간과 노력을 들이되 역량과 현실성 있는 비용 투입이 이루어져야 할 것입니다. 끝으로 고객의 의견을 적극적으로 수렴하고 이를 충실히 반영하는 것이 꼭 필요하지요. 성공적인 메뉴 구성으로 우리 동네의 트렌드를 이끄는 '대세'가 되어보세요.

chapter 1 메뉴
chapter 2 홍보 마케팅
chapter 3 가게 운영
chapter 4 가게 성장

… chapter 2
홍보 마케팅

작은 가게에도 브랜딩이 필요할까?
〈초식곳간〉 김광민 사장님

시골에서 매장 운영이 가능할까?
〈므므흐스버거〉 배민화 사장님

온라인 마케팅, 직접 해도 괜찮을까?
〈대디스바베큐〉 우상희 사장님

비선호 입지에서도 성공할 수 있을까?
〈스시도쿠〉 손영래 사장님

❶
가게 브랜딩

작은 가게에도 브랜딩이 필요할까요? 이미 오랜 시간 운영 중인 매장은요? 작은 브랜드 전성시대인 요즘 브랜딩에 대해 많이 이야기합니다. 5년간 카페를 운영해온 사장님이 있습니다. 오픈 초기부터 내세웠던 시그니처 메뉴와 편안한 분위기를 보고 방문하는 단골 고객들도 상당수죠. 하지만 세월이 흐르면서 같은 골목에 카페가 3개나 더 생겼습니다. 트렌디한 감각의 메뉴를 파는 곳, 디저트가 맛있는 곳, 인테리어가 멋진 곳으로 각각 개성과 장점이 뚜렷합니다. 변화가 빠른 업종인 만큼 5년 된 가게는 어느새 인테리어도, 메뉴도, 다소 트렌드와 거리가 먼 카페가 되어 있었습니다. 익숙하지만 고루한 이미지로 점점 경쟁력을 잃어가고 있었고, 점점 신규 고객 유치가 잘 되지 않았죠. 우리 가게의 정체성과 매력을 제대로 전달하면서도 트렌드를 반영해 기존 고객들과 신규 고객 모두를 끌어당기는 '리브랜딩'이 필요한 시기가 온 겁니다. 하지만 당장 매출과 직원 관리가 급한 소상공인 사장님에게는 어렵고 먼 이야기처럼 느껴집니다. 정체된 가게에 새로운 동력을 불어넣는 리브랜딩, 어떻게 하면 좋을까요?

초식곳간
김광민 사장님

작은 가게에도 브랜딩이 필요할까?

7평에서 35평으로 확장한 리브랜딩의 힘

서울 이대 상권의 작은 샐러드 가게인 '초식곳간'. 셰프 출신의 사장님이 운영하는 이곳은 음식에는 자신 있지만 브랜딩 방법론에는 의문이 있었다고 해요. 하지만 리브랜딩을 통해 사업을 확장하고 '뿌듯한 일상의 채식'으로 브랜드의 성장을 경험하고 있습니다.

'장사 전략이 곧 브랜드 전략'이라고 하죠. 작은 가게일수록 고객의 선택을 받으려면 브랜딩이 필요하고, 장사 철학을 브랜드 스토리로 계속 빌드업할 때 많은 고객의 사랑을 받는 지속 가능한 브랜드로 성장할 수 있습니다.

셰프에서 외식 사업가로,
셰프가 만드는 뿌듯한 일상의 채식

Q 초식곳간 브랜드와 사장님에 대해서 소개해주세요.

A 서울 서대문구 이화여대 정문 근처에서 초식곳간을 운영하는 김광민입니다. "셰프가 만드는 뿌듯한 일상의 채식"이라는 슬로건을 내걸고 샐러드, 샌드위치 등 신선한 채소 중심의 메뉴를 판매하고 있어요. 2020년 7평의 테이크아웃 전문점으로 시작해, 2023년 리브랜딩을 거쳐 35평으로 확장하고 사업을 키워나가고 있습니다. 외식업의 선택은 저에게는 너무나 자연스러웠습니다. 어렸을 때부터 장래 희망이 요리사였기에 한국조리과학고등학교에 진학해 17세 때부터 요리를 시작했지요. 이후 호텔, 파인다이닝 레스토랑 등에서 오랫동안 커리어를 쌓았고요. 하얀 조리복을 입고 주방을 진두지휘하는 셰프를 꿈꾸었지만, 지금은 외식 사업가가 되어 스타 셰

프를 고용하는 브랜드를 만들어가고 싶다는 꿈을 꾸는 사람으로 매장을 운영하고 있습니다.

Q 첫 사업 아이템에 고민이 많았을 것 같아요. 샐러드로 선택한 이유는 무엇인가요?
A 제가 요리할 수 있는 수많은 메뉴 중 샐러드를 선택한 이유가 있어요. 소비 패턴이 바뀌면서 매년 성장하는 채식 시장의 가능성을 보았고, 소규모 자본으로 할 수 있는 테이크아웃 전문점에 적합한 아이템이라고 생각했거든요. 여기에 그동안 셰프로서 쌓은 경험을 샐러드에 적용하면 기존 샐러드와는 차별화될 수 있겠다고 판단했습니다.

초식곳간 네이밍도 고민을 많이 했어요. 샐러드 매장을 보면 영어로 된 브랜드가 대부분이잖아요. 차별화를 위해 외국어를 쓰지 않겠다는 기준을 가지고 아이디어를 정리했고, '초식'이라는 단어와 물건을 간직하는 공간인 '곳간'을 조합해 브랜드 이름을 정했습니다.

체계적인 창업 준비로
난제의 상권을 기회의 상권으로 전환

Q 창업 준비를 오랫동안 체계적으로 하셨는데요, 상권을 100번 이상 보고 나서 결정한 곳이 왜 어려운 이대 상권이었나요?
A 이대 상권은 이미 뉴스에서도 많이 언급되며 이슈화될 정도로 어려운 상황인 게 사실입니다. 공실률이 서울에서 제일 높은 편이죠. 그런데 이 상권의 또 다른 특징은 샐러드, 요거트, 돈가스 등 특정 외식업소가 편중되어 있다는 점이에요.
창업 아이템을 샐러드로 정하고 여러 지역의 상권을 분석해봤는데 결론은 이대 지

역이었어요. 꺼져가는 상권에 이미 포화 상태의 샐러드 가게. 이 어려운의 작은 매장에서 살아남는다면 어느 곳을 가도 살아남을 수 있을 것 같다는 생각에 과감히 도전한 셈이죠. 그리고 추후 사업을 확장할 계획도 있었기에 이대를 기점으로 '이대 샐러드 맛집'이라는 키워드를 상징적으로 가져가고 싶었습니다.

코로나 팬데믹이 한창이던 시기에 사업을 시작했는데 샐러드와 샌드위치가 배달에 특화된 메뉴이고 건강식이라는 인식이 있어 오히려 영업에는 돌파구가 되었습니다. 하지만 대학 상권의 특성상 방학 기간의 매출 하락은 예상보다 더 심각하더군요. 주변 주거 지역의 고객을 유입하기 위해 마케팅을 더 공부하고 있습니다.

Q 매장 오픈 전부터 다양한 교육에 참여하고 창업 자금을 지원받기도 했습니다. 창업 지원 프로그램의 도움을 받은 경험을 공유해주세요.

A 창업을 마음먹었지만 요리 경험밖에 없는 빈손이었기에 오랫동안 많은 기관의 문을 두드렸습니다. 소상공인진흥공단의 신사업창업사관학교, 서울먹거리창업센터, K스타트업, 서울창업허브, 배민아카데미 등 매장을 운영하기 전부터 많은 곳에서 교육을 받고 도움을 받았습니다. 특히, 신사업창업사관학교에서는 5개월의 과정을 수료하고 우수생으로 선발되기도 했어요. 그 덕에 2000만원의 창업 자금을 지원받았고, 그 자금이 시드 머니가 되어 7평 공간의 매장을 차릴 수 있었습니다.

매장을 확장할 때도 서울시에서 주최하는 '서울시 청년 골목창업 경진대회'에서 자금을 지원받아 인테리어 비용을 충당할 수 있었습니다. 그 외 소소한 것들이 더 있어요. 지금 매장에서 사용하는 공기청정기와 냉장고는 하나은행의 소상공인 지원 사업을 활용해 설치했습니다.

찾아보면 공공기관과 기업에서 소상공인 대상으로 진행하는 지원 사업이 생각보다 많습니다. 교육, 컨설팅, 자금 지원 등 다양하죠. 저는 매일 관련 기관 홈페이지에 들어가서 새로운 공지가 있나 확인하고, 창업을 키워드로 검색해보면서 필요한 프로

그램이 있는지 계속 찾아보고 있습니다. 사장이 되면 요리만 할 줄 알아서는 안 되더라고요. 외식업 환경과 트렌드, 법률 등이 계속 변하니 지속적으로 캐치업하는 것도 중요합니다. 그러다 보면 매장 안에서는 나오지 않던 답이 나오기도 하지요. 장사도 정보력이 경쟁력이고, 아는 만큼 보인다는 것을 알게 되면서 창업 전부터 지금까지 장사 공부는 현재진행형입니다.

브랜드의 가치와
고객의 시각을 조율하며 리브랜딩

Q 리브랜딩으로 초식곳간의 새로운 챕터가 시작되었습니다. 리브랜딩을 결심한 이유가 있나요?

A 7평 매장을 운영할 때부터 메뉴에 대한 자신감은 있었어요. 하지만 테이크아웃 전문 매장 특성상 메뉴에 한계가 있었기에 홀 매장으로 확장 운영을 결심하게 됐습니다. 더 넓은 매장으로 이전하면서 기존의 단점들을 보완해 새롭게 다가갈 필요가 있다고 생각했죠.

리브랜딩 전에는 메뉴를 제외하고는 그 외 모든 것이 제 취향이었어요. 블랙 & 화이트의 문자 로고, 피규어 소품, 음악 등 제가 좋아하는 것들로 채워 넣었습니다. 그런데 항상 의문이 들었어요. 과연 나의 취향을 고객도 좋아할까? 브랜드를 재정비하면서 브랜드 콘셉트에 맞는, 그리고 고객의 취향을 반영한 공간을 구성하고 싶었습니다. 하지만 구체적인 방법을 몰랐어요. 전문 컨설팅을 받기에는 부담이 컸기에 책이 정보를 얻을 수 있는 유일한 수단이었습니다.

그러던 중 운 좋게 배민아카데미에서 진행한 브랜딩 집중 교육에 참여할 기회가 주어졌습니다. 그리고 일대일 컨설팅을 통해 초식곳간을 리브랜딩하며 브랜드의 중심을 잡았을 수 있었죠. 그 결과 브랜드 이미지 개선과 경쟁력 강화에 큰 도움이 되었고, 자연스럽게 매출 증가로 이어졌습니다.

Q 브랜드 교육 프로그램 참여가 리브랜딩의 기점이 되었군요. 리브랜딩에서 가장 중점을 둔 부분은 무엇인가요?

A 리브랜딩 과정에서 중심은 항상 '고객의 시각'이었어요. 브랜드가 추구하는 가치와 콘셉트가 고객이 바라보는 시각과 일치하는지 맞추고 조율하는 과정이 브랜딩인 것 같아요.

우리 매장을 고객의 시각에서 바라보는 것이 중요합니다. 매장 밖으로 나가 고객의 동선을 따라가보면서 고객이 어느 방향에서 들어오고 어느 시선에서 멈추는지에 따라 간판의 위치를 달리해야 하고, 고객이 매장 안에 들어왔을 때의 느낌에 따라 내부 컬러·음악·향 등을 배치해야 합니다. 내가 하고 싶은 것보다 고객의 시각에서,

고객이 원하는 방향으로 변화를 주는 거죠.

고객이 브랜드의 가치를 쉽게 이해할 수 있도록 슬로건을 만드는 것도 중요합니다. 초식곳간의 슬로건은 "셰프가 만든 뿌듯한 일상의 채식"인데요, '셰프'는 음식에 대한 전문성을, '뿌듯'은 건강한 식습관을 실천한 뿌듯함을, '일상의 채식'은 매일 일상식으로 즐길 수 있는 샐러드를 의미해요. 슬로건에 맞춰 엠블럼도 변화를 주었습니다. 고딕체의 단조로운 로고에서 저를 캐릭터로 표현한 이미지로 바꾸고 그린 컬러를 넣어 고객에게 친근하게 다가가려고 했어요.

매출 상승 30% 고객 증가 2배, 놀라운 리브랜딩 효과

Q 리브랜딩을 하면서 브랜드 슬로건과 엠블럼에 변화를 주었네요. 또 무엇이 달라졌나요?

A 리브랜딩 후 가장 큰 변화는 단연 매출입니다. 한 달 매출이 30% 상승하고 고객도 2배 정도 증가했습니다. 매장 규모가 7평에서 35평으로 확장되었으니 당연한 결과겠지요.

공간 브랜딩의 경우, 앞서 언급했듯이 고객의 동선에 맞춰 구성했습니다. 대로가 아닌 골목에 위치한 특성상 지나가다 우연히 방문하는 고객보다는 계획하에 오는 손님이 90% 이상이에요. 고객의 관점에서 동선을 따라가보면, 초식곳간에 가야겠다 생각하고 학교 정문을 출발해 골목으로 들어오면 멀리서 노란색 등이 눈에 들어옵니다. 가까이 도착하면 활짝 열린 주황색 문이 보이고 벽면에 브랜드 슬로건과 SNS 계정도 보이죠. 초록색 인조 잔디가 깔린 계단을 내려와 매장으로 들어오면 사장님의 인사와 익숙한 팝송이 들립니다. 오픈 주방에서 나오는 버섯과 고구마 굽는 향이 어떤 메뉴를 선택할까 행복한 고민을 하게 만들죠. 이렇게 고객의 동선에 따라 느낄 수 있는 오감을 정리하고, 고객이 경험하는 모든 것이 브랜드가 될 수 있도록 시각·청각·후각적 요소를 배치했습니다. 또한 실제로 메뉴에 사용하는 단호박, 토마토, 병아리콩, 잎채소 같은 식재료를 인테리어 요소로 활용해 고객에게 신뢰감을 높이며 재료에 대한 이야기를 나눌 수 있는 계기를 만들었습니다.

인테리어 비용이 제한적이었는데요, 서울시에서 받은 지원 자금인 2000만원 안에서 해야 했기에 선택과 집중이 필요했어요. 최소한의 공사로 최대한의 효과를 낼 수 있도록 벽면 컬러, 조명, 음악 등 고객의 오감 만족을 위한 디테일에 초점을 맞췄습니다.

홀 공간이 확보되었기에 메뉴 리뉴얼도 진행했는데요, 샐러드 전문점과 브런치 전문점의 중간으로 포지셔닝하고 차별화를 두었습니다. 기존 샐러드와 샌드위치 메뉴를 기본으로 파니니·포케·수프 등을 다양하게 확대하고, 수제 드레싱과 구운 채소로 더 건강하고 고급스러운 맛을 표현했습니다.

저희 메뉴의 장점은 화구를 사용하지 않고 오븐으로 열 조리 과정을 거치는 점입니다. 불을 쓰지 않기에 누구나 쉽게 매뉴얼대로 조리할 수 있고 대량생산도 가능하죠. 많은 주문량도 수월하게 처리 가능한 시스템으로 만들었습니다.

대학 상권의 특성상, 메뉴 가격은 1만원 미만으로 낮게 형성되어 있습니다. 하지만 고객은 1만원 이상의 가치를 느낄 수 있도록 접시는 도자기로, 집기는 더 고급스럽게 변경했습니다.

Q 최근 샐러드 시장이 급성장하고 있고, 이대 상권 역시 샐러드 전문점이 많이 보입니다. 초식곳간의 메뉴 차별화 전략은 무엇인가요?

A 샐러드 포화 상권에서 고객의 선택을 받으려면 맛의 차별화는 물론 건강의 가치도 부여해야 합니다. 초식곳간에는 '건강한 식습관의 지표'가 되고자 하는 장사

목표가 있습니다. 건강한 일상 채식을 위해 캔 옥수수, 캔 올리브 등의 가공식품 사용을 최소화하고, 드레싱도 직접 만들어 사용합니다. 수제 드레싱은 초식곳간의 차별화 포인트로, 시판 드레싱과 소스를 섞는 것이 아닌, 원재료를 삶고 굽고 갈아서 만드는 진정한 '수제' 드레싱입니다. 구운 고추를 갈고, 삶은 병아리콩을 갈고, 여러 과정을 거쳐 드레싱을 완성하죠. 건강을 생각해서 선택한 메뉴인데 어떤 드레싱을 사용하는지에 따라 섭취하는 칼로리가 달라지므로 수제 드레싱을 고수할 수밖에 없습니다.

이러한 강점을 고객들에게 적극적으로 어필하기 위해 리플릿을 제작하고 메뉴에 대한 설명과 특징을 담아 알렸습니다. 아무리 공들여 만든 드레싱이라도 고객이 모르면 시판 드레싱과 다를 바 없죠. 고객이 알고 인정해줘야 비로소 그 가치가 빛을 발하게 됩니다.

Q 음식의 가치는 높이면서 합리적인 가격에 제공하려면 원자재 비용 부담이 클 것 같아요. 게다가 샐러드의 주재료인 채소는 계절과 기후에 따라 가격 격차가 큰 폭으로 움직이는데, 식자재 컨트롤을 어떻게 하시나요?

A 고객의 입장에서는 가성비가 제일 중요하죠. 식자재비 상승에도 메뉴 가격을 유지하기 위해 원자재 단가를 낮추려고 노력을 많이 합니다. 고객이 느끼는 가치는 그대로 유지하되, 채소는 유연하게 사용하는 거죠. 채소의 시장 가격이 오르면 대체 재료를 찾아서 변화를 줍니다. 식재료에 대한 이해와 노하우가 없으면 쉽지 않은데, 오랫동안 셰프로 일한 커리어가 식자재를 컨트롤하는 데 유리하게 작용합니다.

채소는 폐기가 나오면 안 됩니다. 그런 이유로 저희 매장에서는 양상추를 사용하지 않아요. 양상추는 하루 만에 색이 변해 다른 채소도 같이 버려야 하는 경우가 많아요. 양상추 대신 로메인을 사용하고, 로메인 가격이 올라가면 상대적으로 가격 변동이 적은 수경 재배 채소로 대체합니다.

단가가 비싼 식재료도 대체 아이템을 찾아 사용할 수 있어요. 엔다이브를 예로 들면, 파인다이닝에서 주로 쓰는 비싼 채소라 가성비 매장에서는 절대 선택할 수 없죠. 하지만 식감이 비슷한 배추와 얼갈이를 커팅해서 사용하면 고객은 이질감 없이 엔다이브와 유사한 식감으로 맛있는 음식을 맛볼 수 있습니다. 고객층에 맞게 대체 재료를 찾으면 식자재 가격 변동에 유연하게 대처할 수 있어요.

작은 가게의 브랜딩, 우리 가게를 '한 문장'으로 설명하는 데서 시작하라

Q 작은 가게에도 브랜딩이 필요할까요? 브랜딩에 어려움을 겪는다면 어디서부터 시작하는 게 좋을까요?

A 작은 가게일수록 브랜딩이 '더' 필요합니다. 디자인과 마케팅에 많은 비용을 투자할 수 없는 상황이기에 브랜드의 특색을 찾고 중심축을 만드는 과정이 중요해요. 작은 가게는 브랜딩의 필요성을 알면서도 막상 어떻게 해야 하는지 모르는 경우가 많습니다.

저도 배민아카데미에서 브랜드 컨설팅을 받으면서 배운 부분이 많았어요. 이 교육 과정의 핵심은 '우리 가게를 한 문장으로 설명하는 것'이었습니다. 이 한 문장에는 브랜드의 차별화, 고객에게 전하고 싶은 메시지가 포함되어야 합니다. 처음에는 어떤 내용으로 해야 할지 막막하지만 문장을 완성하려고 고민하다 보면 객관적인 시각에서 가게를 바라보게 됩니다. 고객 입장에서 우리 가게를 선택해야 하는 이유, 우리 가게만이 할 수 있는 이야기, 우리 가게가 지향하는 목표 등을 정리하면 브랜드의 일관된 컬러를 찾을 수 있어요. 브랜딩으로 고민하고 계시는 다른 사장님들도 가게를 한 문장으로 설명하는 고민에서 출발하면 분명 도움이 될 것입니다.

Q 리브랜딩으로 브랜드 컬러가 견고해진 초식곳간의 다음 계획이 궁금하네요.

A 지금까지 이대 상권에서 잘 버티고 있으니 다음에는 오피스 밀집 상권을 도전해보고 싶어요. 이대 매장에서 2~4km 반경에 이내인 여의도나 서대문에 소규모의 익스프레스 매장을 계획하고 있습니다. 지금보다 더 치열한 오피스 밀집 지역에서 살아남는다면, 더 큰 시장으로 나갈 수 있는 가능성을 확인할 수 있겠죠. 다음 계획을 실현하기 위해, 지원받을 수 있는 프로그램을 열심히 찾고 있습니다. ●

❷ 가게 브랜딩

소비자의 새로운 관심이 로컬 브랜드로 향하고 있습니다. 지역의 자원과 문화를 기반으로 만들어진 로컬 브랜드는 지역적 특색을 활용한 로컬 콘텐츠로 새로운 가치를 창출하죠. 포화 상태인 도심을 떠나 인프라가 부족한 지역에 창업하면 단순히 경쟁이 없어 수월할 것 같지만 실상은 그렇지 않은 경우가 많다고 합니다. 우선 고객 트래픽이 절대적으로 부족해 상권 자체가 형성되기 어려운 경우가 많아 가게 하나만으로는 이윤 추구가 어렵고 외지인으로서 지역사회에 녹아드는 것도 쉽지 않습니다. 장사가 잘되면 잘되는 대로, 안 되면 안 되는 대로 여러 갈등 요소가 발생하죠. 로컬 크리에이팅, 외식업을 넘어 다양한 가치를 전달하는 의미 있는 비즈니스임은 확실하지만 무에서 유를 창조하는 과정을 거쳐야 하는 만큼 누구나 할 수 있는 일은 아닌 것 같습니다. 작은 식당도 트렌드를 선도하며 지역과 상생하는 로컬 브랜드로 성장할 수 있을까요?

므므흐스버거
배민화 사장님

시골에서 매장 운영이 가능할까?

시골 마을을 핫 플레이스로 일군 로컬 브랜드 성공기

경북 칠곡군 왜관읍의 '므므흐스버거'는 로컬 브랜딩의 좋은 지표가 되고 있습니다. 지역 농가의 식재료로 로컬 브랜딩을 강화하고 지역과의 상생을 실천하고 있지요. 이곳의 특별한 햄버거 이야기에 이끌려 버스도 잘 안 다니는 시골 마을로 연간 8만 명이 찾아오고, 월 버거 판매량은 6300개에 달한다고 해요. 므므흐스버거는 햄버거 가게 그 이상을 추구합니다. 중소벤처기업부 주최 '2022 로컬페스타'에서 우리나라 최고의 로컬 크리에이터로 선정되며, 로컬의 건강함을 맛있게 전달하는 크리에이티브 기업으로 나아가고 있어요.

모든 날, 매 순간이 행복하길 바라는
시골 마을의 수제 햄버거집

Q 므므흐스버거 브랜드와 배민화 사장님을 소개해주세요. 네이밍이 독특한데 의미가 무엇인가요?

A 경상북도 칠곡군 왜관읍 매원마을에서 므므흐스버거를 운영하는 배민화입니다. 가게 이름처럼 손님들도 우리 식구들도 모든 날이 행복했으면 하는 바람으로 '모든 날 매 순간 행복한 사람들'의 초성(ㅁㅁㅎㅅ)을 따서 지은 브랜드라 '므므흐스버거'라고 읽습니다.

2018년 시골 마을의 버려진 폐공장에 수제 햄버거 매장을 오픈하고, 패스트푸드인 햄버거를 로컬 식재료로 건강하게 만드는 기업으로 매년 성장하고 있습니다. 버스도 거의 없는 시골 마을에 연간 8만 명이 방문하고, 재방문율 30%가 넘어 시골 수제 햄버거집의 기적이라고 불리고 있어요.

하지만 므므흐스버거는 수제 햄버거집을 넘어, 로컬 브랜딩을 키워드로 지역과 연계되는 다양한 콘텐츠를 시도하고 있어요. 그 노력의 결과로 중소벤처기업부에서 주최하는 2022 로컬페스타의 최우수 로컬 크리에이터로 선정되는 영광도 얻게 되었지요. 외식업계에서는 첫 수상이라고 해요. 신문, 방송 등 각종 매체에 기사화되고, 권위 있는 트렌드 서적인 <트렌드 코리아 2024>에 소개되기도 했습니다. 그리고 17만 유튜버 '장사권프로'와 배민아카데미에서 강의도 하며 더 많은 분께 저희의 이야기와 가치를 전달할 수 있게 되었어요.

Q 하루에 버스가 두 번 다니는 시골 마을에서 어떻게 햄버거 사업을 시작하게 되었나요?

A 저는 문화 공연 기획자로 오랫동안 일했고, 남편은 외식 사업 경험이 있었어요. 저희 부부는 일본 유학 시절 만나 결혼했는데 아이를 갖고 싶으나 마음대로 되지 않았죠. 어렵게 가진 아이를 유산한 아픔도 있었기에 도시 생활을 정리하고 남편의 고향인 이곳 왜관읍으로 왔습니다.

가진 자본금이 많지 않아 지붕도 다 뜯긴 버려진 마늘 가공 폐공장을 계약하고, 직접 리노베이션 공사를 해서 지역 아이들이 체험 미술을 할 수 있는 어린이 미술관 겸 카페를 열었어요. 그리고 몇 달 후, 기적처럼 저희 부부에게 아이가 찾아왔습니다. 임신 중 '먹덧'으로 유독 햄버거만 먹고 싶어 하던 저를 위해 남편이 '건강한' 햄버거를 만들어줬고, 혼자만 먹기에는 아까운 맛이라 카페 고객들과 나누면서 소비자 테스트를 해봤어요. 그 후 좋은 반응에 자신감을 얻어 수제 햄버거만 주력으로 하게 되었지요. 그렇게 므므흐스버거가 시작되었습니다. 저희 아이가 자라는 만큼 브랜드도 성장하고 있어요.

Q 로컬 사업은 지역 주민과의 관계가 중요하죠. 어려운 점은 없었나요?

A 로컬 사업에 관심 있는 분들이 많이 궁금해하는 부분이에요. 마을분들과 마찰을 최소화하는 것이 우선이라고 생각하기에, 지금까지 큰 문제는 없었어요. 여기가 조용한 한옥마을이라 폐를 끼치고 싶지 않아 주차 문제, 쓰레기 문제 등 마을분들이 불편하게 느끼는 부분은 바로바로 해결하려고 합니다.

처음에는 오히려 마을분들이 마음을 열어주셨어요. 사업 초기, 손님이 없는 매장을 보고 걱정하는 마음으로 손님으로서 찾아주시고, 동네 회의 장소로도 사용하며 도움을 주셨습니다. 한번은 동네 어르신들이 양파 볶는 냄새 때문에 창문을 못 열어 불편하다고 말씀하셨어요. 바로 전문가를 불러 배관통 위치를 조정하고 다시 여쭤보니 나아진 것 같다고 하시더군요. 문제가 완전히 해결되지는 않았지만 적극적으로 해결하려는 태도를 보고 그냥 넘어가주신 것 같습니다.

언젠가는 한 고객이 인근 초등학교 운동장에서 햄버거를 먹고 포장지를 그대로 두고 간 적이 있었어요. 저희 고객으로 인해 발생한 쓰레기 때문에 학교로부터 컴플레인이 늘어왔지요. 바로 사과드리고 그 즉시 포장에 형광색 문구를 추가했습니다. "므므흐스버거는 마을과 함께 성장하고 있습니다. 주변에서 드신다면 쓰레기는 꼭 매장으로 돌려주세요"라고요. 그 후로 쓰레기 이야기는 들리지 않았습니다.

지역 식재료에서 찾은 건강한 맛, 로컬 브랜딩 차별화 전략

Q 햄버거와 건강한 맛. 일반적으로 상반된 개념이죠. 므므흐스버거가 건강한 햄버거로 포지셔닝할 수 있었던 차별화 포인트는 무엇인가요?

A 신선한 지역 농산물을 적극 활용해 세상 어디에도 없는 므므흐스버거만의 건강

한 햄버거를 만들 수 있었죠. 단순히 건강만 강조했다면 지금 같은 큰 사랑은 못 받았을 수도 있어요. 버거의 모든 재료를 지역 농가의 농산물로 사용해 함께 성장하는 상생의 가치를 더했습니다.

전국의 흑마늘 진액 고수들을 찾아가 저희 발효종 번(bun)과 가장 잘 어울리는 것을 찾고, 친환경 농법으로 재배하는 농부들을 직접 만나 계절 채소를 구매하는 등 재료 선정 하나하나에 정성을 다했습니다. 그렇게 발굴한 재료로 흑마늘 진액을 넣은 번, 소화가 잘되는 능이버섯을 넣은 패티, 친환경 농가의 토마토, 미나리 시즈닝을 사용한 저희만의 버거를 만들었어요.

특히 베이컨은 지금도 열심히 연구중인 재료입니다. 대부분의 베이컨은 냉동 수입육으로 만들며 아질산염 같은 보존 첨가물이 들어가요. 아질산염은 인체 건강에 유해하기에, 기존 베이컨을 대체할 저희만의 베이컨을 만들어보고 있습니다. 소비량이 적어 폐기되기도 하는 국내산 돼지고기 뒷다릿살을 활용하고 저희가 직접 연구 개발한 미나리 발효액을 천연 보존제로 사용해 건강한 베이컨을 연구하고 있어요.

한번은 저희가 사용하는 농산물을 숫자로 계산해본 적이 있어요. 1년 소비량이 양파 4.3톤, 감자 5톤, 토마토 3.4톤, 흑마늘 진액 1.3톤이더라고요. 어마어마하죠.

므므흐스버거의 차별성은 고정관념의 틀을 깨는 작업들로부터 시작됐습니다. 우선 패스트푸드는 정크 푸드라는 틀을 깨고 당당하게 건강한 음식으로 포지셔닝하는 것에 중점을 뒀어요. 수입 냉동 베이컨 대신 천연 보존제의 국내산 베이컨으로, 햄버거에는 콜라라는 공식 대신 매실에이드로, 미국산 감자튀김 대신 지역 농가의 수미 감자로…. 지금도 끊임없이 틀을 깨고 있습니다.

Q 햄버거에 사용되는 베이컨과 천연 보존제를 직접 연구 개발하셨다고요?

A 맞아요. 저희 매장 옆에 햄버거 연구소 건물이 있어요. 그곳에서 R&D 작업이 이뤄지죠. 외국의 경우 육가공품 천연 보존제로 셀러리 분말을 사용하는데, 자료를 찾

아보니 셀러리가 '미나릿과'인 거예요. 경북에서 제일 많이 나는 농산물인 미나리를 천연 보존제로 활용하면 좋겠다고 생각했죠. 다각도의 연구와 실험 끝에 미나리 발효액을 개발했고, 유의미한 실험 결과로 도움을 주신 대학 교수님과 논문을 발표하면서 미생물학회에 보고했어요. 평범한 햄버거 가게에서 할 수 있는 일이 절대 아니죠. 게다가 저는 이공계 출신도 아니에요. 건강한 햄버거 그리고 건강한 베이컨을 만들겠다는 집념이 저희를 움직이게 만든 거예요.

Q 지역과의 상생을 브랜드의 핵심 가치로 꼽았어요. 지역 농산물 사용 외에 마을과 함께 성장하려는 어떤 노력을 하셨나요?

A 주말에는 고객 대기 시간이 90분 이상 될 때가 많아, 멀리서 온 고객님들께 항상 죄송했어요. 물리적인 시간을 줄일 수 없다면 고객의 체감 시간이라도 줄일 수 있는 방법이 없을지 고민했습니다. 주문을 먼저 받고 기다리는 동안 근처에 있는 한옥마을인 매원마을을 산책하도록 안내했고, 다녀오면 밀크셰이크를 제공했어요. 매원

마을을 찾는 사람이 많아지면서 투어 스탬프도 생기고 므므흐스버거와 한옥마을이 하나의 관광 코스가 되었죠. 그리고 언론 매체에서 맛집 촬영이 있을 때는 한옥마을도 함께 찍어달라고 요청하며 매원마을이 같이 노출될 수 있도록 했어요.

마을도 같이 성장하면서 매원마을은 전국 최초로 마을 전체가 국가등록문화재로 선정되었어요. 등록 절차를 밟고 있을 때, 종택 어르신이 프레젠테이션에 같이 가자고 하셔서 동행했습니다. 그 어르신이 심사위원들 앞에서 하신 말씀이, 광주 이씨 집성촌에서 조용히 늙으며 사는 게 당연한 줄 알았는데, 서울에서 온 청년들이 마을로 사람을 불러들이고 관광지로 만드는 걸 보면서 매원마을을 알려야겠다는 생각이 들었다고 하셨어요. 제가 어르신께 새로운 도전을 할 수 있도록 인사이트를 드린 거잖아요. 정말 감동적이었습니다.

Q 므므흐스버거 성공의 원동력에는 직원이 있다고 하셨습니다. 직원과 상생하기 위해 어떤 기업 문화를 추구하나요?

A 대중교통이 열악한 이곳에 매일 출근해서 같이 일하는 우리 직원들이 항상 고맙기만 합니다. 직원들이 매장을 잘 지키고 있었기에 제가 밖에서 다른 일들을 할 수 있었죠. 우리 직원들이 회사를 통해 비전과 자부심을 가지면 좋겠습니다. 직원 스스로 기획하고 운영하는 기업 문화를 만들어 회사 안에서 성장할 수 있도록 최대한 기회를 많이 주려고 해요. 우리 브랜드의 핵심 가치나 중요한 규율은 디테일하게 공유하고, 최대한 자율성을 주며 능동적으로 솔루션을 찾을 수 있도록 합니다.

저희 사무실에는 '고객의 목소리'라는 보드가 있어요. 음식에 대한 고객의 의견을 직원들이 보드에 적고, 직원들끼리 그 내용에 대해 회의를 한 후 해결 방법까지 찾아요. 저는 최종 해결책에 대한 보고만 받지요. 직원들이 여기서 일하다 나가면 바로 창업할 수 있도록 A부터 Z까지 다 배우고, 굵직한 프로젝트 100개 정도는 경험하면서 커리어를 쌓길 바라요. 직원들이 레퍼런스를 만들 수 있는 프로젝트를 만들어오는 것이 사장의 역할이라 생각합니다. 새로운 프로젝트를 진행할 때마다 직원들도 같이 성장하는 걸 느낍니다. 그 과정에서 직원 스스로가 조직의 부품이 아닌 꼭 필요한 존재로 함께하고 있다고 느끼게 해주고 싶어요.

마케팅 아이디어는
고객과 직원의 행복 추구로부터

Q 외진 시골 마을에서 재방문율 30%가 넘는다니 이례적이에요. 고객을 '찐 팬'으로 만드는 므므흐스 스타일의 고객 맞춤 마케팅 노하우가 궁금합니다.

A 모든 외식업이 같겠지만 저희에게 고객은 정말 특별해요. 초창기 한 달 매출 200만원으로 손님이 없던 시절, 하루에 한 명만 단골을 만들자는 생각으로 진심을 다해 한 분 한 분 기억하면서 응대했어요. 그렇게 손님과의 관계를 친밀하게 이어가며 진짜 팬으로 만드는 방식이 저희만의 특색이 되었죠.

단골 고객 위주인 로컬이 가지고 있는 데이터는 달라야 합니다. 예를 들면, 포인트 적립할 때 단골 고객의 특징을 모두 상세하게 메모하고 기억하는 거죠. 므므흐스 스타일의 이벤트와 프로모션의 아이디어는 모두 고객에게서 나옵니다. 저희는 매우 다양한 연령층의 다양한 고객이 찾아오기 때문에 고객 페르소나라고 하는 타깃 고객이 없어요. 대신, 우리 매장에 찾아오는 고객을 잘 살펴보고 공감할 만한 포인트를 찾아 마케팅을 전개합니다.

농번기에 일하는 인부들을 위한 '새참버거', 인근 미군 부대의 단골손님 취향에 맞는 '아미클래식' 메뉴는 모두 저희 고객들과 교감하며 만든 것이죠. 고령의 고객을 위해 명함 디자인을 교체하기도 했어요. 어느 날 매장에서 햄버거를 기다리는 70대 할아버지가 지갑형 휴대폰 케이스에서 귀퉁이가 벌어진 저희 명함을 꺼내시는 거

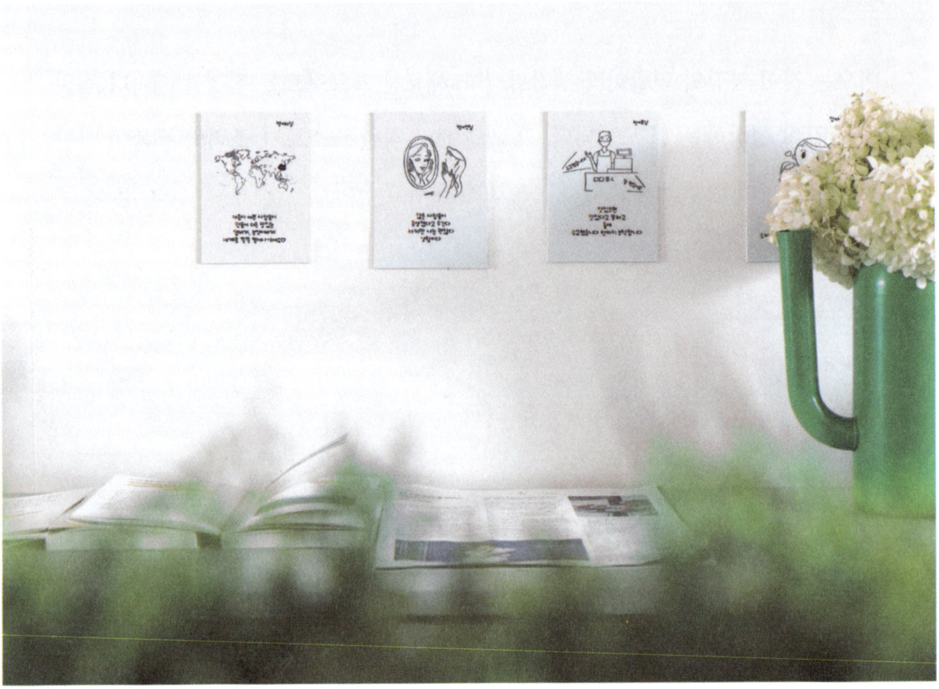

초성 글짓기 이벤트

버거 미리 주문
010-2622-1260

Local Creator
Local Creator

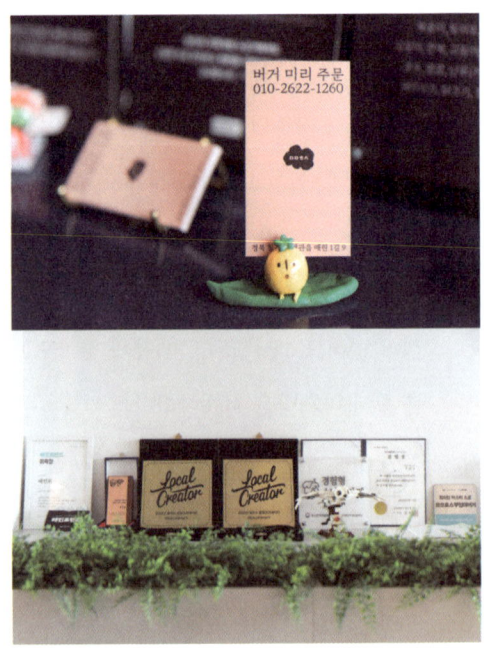

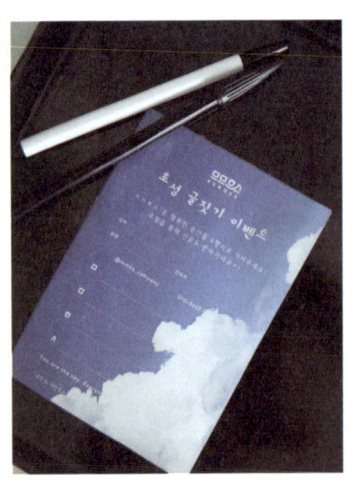

예요. 매번 전화 주문하려고 명함을 넣고 빼기를 반복하니 그렇게 낡아진 거죠. 고령의 손님이 많은 저희 매장은 바로 명함 디자인을 바꿨습니다. 명함을 굳이 모두 꺼내지 않아도 번호가 보일 수 있도록 세로형으로 만들어 상단에 큼지막한 글씨로 전화번호를 적고, 평소 먹는 버거를 체크하는 칸도 만들었죠. 그리고 추가로 고혈압, 당뇨가 있으면 소스와 내용물 조절을 요청하시라고 적어놓았어요. 주말에 방문하는 가족 단위 고객을 위해 아이들과 함께 즐길 수 있는 체험 이벤트도 기획했어요. 직접 햄버거를 만들고 버거 마이스터 자격증도 바로 가져갈 수 있도록 했습니다.

Q 브랜드에 특화된 이벤트들이 재미있어요. 특히 초성 사행시가 인상적이에요.
A 초성 이벤트는 진행했던 이벤트 중 가장 반응이 좋았고 오랫동안 계속하고 있어요. 배달의민족 문예 창작 이벤트에서 인사이트를 얻어, ㅁㅁㅎㅅ 초성 글짓기를 하면 식사권을 선물하는 방식으로 진행했어요. 초성 사행시 작성하는 메모지도 제작해 비치해두었고요. 매달 300명이 넘는 분들이 감동과 위트가 넘치는 아이디어로 참여하고 있습니다.

Q ㅁㅁㅎㅅ버거가 성공하면서 투자나 컬래버레이션 등의 제안을 받았을 텐데요, 제안을 선택하는 기준이 있나요?
A 투자 제의가 많이 들어오지만, 감사한 마음만 받고 다 거절하고 있어요. ㅁㅁㅎㅅ버거는 지금 직원들 손을 잡고 오솔길을 걸어간다고 생각해요. 하지만 투자를 받으면 성과 중심으로 고속도로를 달려야 하는데, 재미있는 다양한 시도는 포기해야 할 수도 있겠죠. 아직까지는 지금처럼 직원들의 성과가 될 수 있는 다양한 활동을 더 전개하고 싶습니다.
감사하게도 컬래버레이션 제안도 많이 들어옵니다. 얼마 전에는 이탈리아 명품 치약 '마비스'와 미팅을 진행했어요. 치약과 햄버거가 연결될 수 있을까 싶었지만,

마비스 브랜드 이야기를 들어보니 건강한 재료로 문화적 가치를 추구하는 방향이나 마케팅 정서가 비슷했어요. 그리고 한약사 부부가 운영 중이신 '바라기한약국'의 (주)생활한방연구소 대표님과도 미팅을 가졌어요. 저희 음식의 재료로 활용되는 능이버섯, 미나리, 홍매실 등 자연의 본질에 기반한 재료에 대한 생각이 아이디어로 그치지 않고 제품화될 수 있도록 많은 조언을 구하고 있습니다. 자연의 재료로 고객에게 건강을 선물할 수 있는 컬래버레이션을 앞으로도 계속 이어나갈 생각입니다.

팝업 스토어나 다른 이벤트 제안도 꽤 들어오는 편인데, 진행 여부의 판단 기준은 명확합니다. '이 프로젝트를 했을 때 직원이 행복할까?' 그렇지 않다면 돈이 돼도 안 합니다. '직원이 성장할 경험과 기회를 만들어주는가?' 그렇다면 돈이 안 돼도 합니다. 기준점을 직원으로 두는 이유는, 이런 행사를 하면 결국 직원들의 노동 강도가 높아질 수밖에 없기 때문이에요. 직원 스스로 그 고단한 과정을 즐길 수 있도록, 직원에게 돌아가는 성장의 보상이 있어야만 진행할 수 있어요.

로컬의 건강함을 맛있게 전달하는 크리에이티브 기업으로 나아가다

Q 므므흐스버거의 행보를 보면 일반적인 외식업체라기보다 로컬 스타트업 같아요. 정부지원사업에 많이 참여하는 이유가 있나요?

A 로컬 기획에 관심이 정말 많아요. 햄버거 가게를 베이스 캠프로, 로컬의 건강함을 맛있게 전달하는 기업을 지향하기 때문이죠. 직원들의 바람대로 햄버거 가게가 아닌 '회사'를 다니게 해주고 싶었어요. 이곳에서 인사이트를 얻어 성장하고, 퇴사 후에는 레퍼런스가 될 수 있는 인정받는 기업을 만들고 싶은 생각에 사업이 안정화된 2021년부터 정부지원사업에 본격적으로 도전했습니다.

외식업은 정부지원사업의 사각지대예요. 일반음식점 사업자가 정부지원금을 받는 일은 드물죠. 하지만 고정관념의 틀 깨기는 저희의 전문 분야 아니겠습니까. 지원한 5개의 정부지원사업에 모두 선정되었고 소셜벤처 사업적기업 인증도 받았습니다.

Q 중소벤처기업부 2022 로컬페스타에서 최우수 로컬 크리에이터로도 선정되었죠. 어떤 의미가 있나요?

A 사업을 시작한 후 저에게 가장 행복한 순간이었습니다. 그동안의 노력을 인정받는 느낌이었어요. 로컬 사업에 대한 사명감도 갖게 되었고요. 로컬페스타는 지역 가치를 높이는 창업가인 로컬 크리에이터를 소개하고 알리는 행사인데, 므므흐스버거가 영남권 대표로 선발되어 다른 지역 대표들과 경쟁해 170개 팀 중 최고로 꼽히는 최우수상을 받았어요. 로컬 크리에이터로는 전국에서 1등으로 인정받은 거죠.

기업도 아닌 개인사업자가, 그것도 식당 사업자가 R&D 사업에 용감하게 도전하니 주변에서 안 된다는 이야기를 제일 많이 했어요. 하지만 저희가 자체 개발한, 베이컨에 천연 보존제로 사용되는 미나리 발효액의 가능성을 보았고, 좀 더 본격적인 연구와 제품 개발이 필요해 국가연구개발사업에도 도전했습니다.

결국 창업성장기술개발 R&D 협약을 체결하고 연구비를 지원받았어요. 그리고 미나리 발효액을 제품화하기 위한 연구에 돌입했습니다. 연구 인력 없이 어려운 논문을 보고 또 보며 정보를 찾고, 그 분야의 교수님을 만나 자문을 구하고, 시제품을 만들면 다양한 사람들에게서 의견을 들었어요. 그리고 수많은 시행착오를 거쳐 미나리 발효액을 후추처럼 환으로 만들어 그라인더에 넣고 갈아 쓰는 미나리 시즈닝을 완성했지요. 이 제품은 미국 시장을 겨냥하고 만들었어요. 캠핑과 바비큐 시장에 허브 솔트를 대체할 수 있는 제품으로 소개하고 싶고, 가능하다면 박람회에 나가 시장 반응도 보고 싶습니다. 직원들의 버킷 리스트에 '해외 출장'이 적혀 있던데, 제가 조금 더 노력한다면 가능해질 것 같습니다.

수익성보다 소셜 마인드가 필요한
로컬 비즈니스

Q 로컬 사업을 계획하는 분들이 미리 준비하거나 유의할 점이 있을까요?

A 로컬 사업은 수익성보다 홍익인간 정신 같은 인간을 널리 이롭게 하는 소셜 마인드가 있어야 해요. 로컬에서 살아남으려면 본인의 브랜드가 할 수 있는 일이 무엇인지, 브랜드의 목적성이 분명해야 합니다. 단순히 로컬 사업의 목적으로만 접근을 하면 오히려 한계에 부딪힐 수 있어요.

저희도 처음부터 로컬 사업을 목적으로 시작한 것은 아니었어요. 다음 세대를 위한 건강한 패스트푸드 문화를 추구하며 출발해, 햄버거의 건강한 맛에 목적을 두고 지역 농산물을 활용하다 보니 로컬 브랜딩의 정의가 더해졌습니다.

로컬 사업은 단기간의 성과를 기대해서는 절대 안 됩니다. 길게 보고 지역과 상생해야 해요. 사람과의 관계가 중요하고 사람의 마음을 얻어야 합니다. 원주민과의 마찰도 없어야 하고, 로컬 사업으로 이 지역을 내가 바꾸겠다는 오만한 생각도 없어야 해요. 예측 불가의 긴 기다림을 감수할 수 있는 마인드 세팅이 필요합니다.

Q 한계를 두지 않고 계속 도전하는 므므흐스버거의 다음 계획은 무엇인가요?

A 우선, 로컬 편의점을 준비하고 있어요. 저희 햄버거에 사용되는 지역 농산품을 전시 콘셉트로 진열하고, 관련된 제품과 도서 등을 소개하며 소비자가 직접 보고 구매할 수 있게 할 계획입니다. 또 하나 다른 계획은 발효연구실의 확장입니다. 기존의 프랜차이즈는 지점마다 같은 맛을 내기 위한 연구를 진행하지만 저희는 거꾸로 그 지역만의 기후와 토양으로 만들어진 로컬 식재료, 예를 들어 '누룩 소금' '발효 미나리' 같은 재료를 연구해 건강하지 못하다는 인식의 요리들을 건강하게 만들어 지점마다 다 다른 로컬의 맛을 찾고 싶어요. 저희만의 기술이 더해진 건강한 음식으로 다음 세대의 건강한 패스트푸드 문화를 만들어 나가고 싶습니다. ●

❸ 단골 마케팅

아무리 맛있는 음식이라도 고객이 찾아오지 않으면 의미가 없다고 할 수 있죠. 한 가게를 운영하는 사장님이 있습니다. 요리사 출신의 자부심을 건 맛있는 음식과 심혈을 기울인 공간, 그리고 찾아온 고객 한 분 한 분께 최선을 다하겠다는 마음가짐까지 모든 게 준비되어 있지만 이를 어떻게 알리면 좋을지 막막합니다. SNS에서 화제가 되어 언제나 줄이 늘어선 이웃의 핫 플레이스도 방문해봤지만 아무리 봐도 우리 가게가 결코 뒤지지 않는, 오히려 더 훌륭한 맛을 내는 것 같아 안타까웠죠. 이를 알아주길 바라며 손님을 마냥 기다릴 수도 없는 노릇입니다. 좀 더 적극적으로 마케팅을 해야겠다는 생각이 들지만 온라인 채널도 너무나 다양하고 투자할 수 있는 비용도 한정적입니다. 적은 비용으로도 할 수 있는 똑똑한 온라인 마케팅, 어떻게 하면 좋을까요?

대디스바베큐
우상희 사장님

온라인 마케팅, 직접 해도 괜찮을까?

최소 비용으로 최대 효과, 찾아오게 만드는 온라인 마케팅

양평의 경치 좋은 산꼭대기, 유동 인구 없는 곳에 위치한 '대디스바베큐'의 주말은 긴 웨이팅으로 항상 북적입니다. 매년 30% 이상 매출 증가를 보이며 성장하고 있죠. 대로에서 간판조차 보이지 않는 이곳까지 어떻게 사람들이 알고 찾아올까요? 온라인 마케팅의 파급력으로 가능한 일이죠. 가게를 알릴 수 있는 유일한 방법이 온라인 마케팅이었고, 없는 가게를 있는 가게로 만들기 위해 필사적으로 노력한 시간들이 쌓여 놀라운 나비 효과로 나타났습니다.

온라인 마케팅은 지속성이 중요합니다. 지속적인 노력과 전략적인 접근이 필요해요. 콘텐츠가 타깃에 정확하게 도달하면 파급력이 높아 잠재 고객을 브랜드의 팬으로 만들 수 있죠. 브랜드를 지속 가능하게 하는 원동력이 됩니다.

스물둘 '어쩌다 사장', 게스트 하우스에서 바비큐 전문점으로 성공적 피보팅

Q 우상희 사장님을 소개해주세요.

A 경기도 양평에서 바비큐 전문점 대디스바베큐를 운영하고 있습니다. 바비큐 업력으로는 11년 정도 되고요. 양평으로 나들이 왔다가 일부러 찾아와야 하는 위치에 있어 고객의 가치 있는 특별한 경험, 즉 '기분 전환'에 집중하고 있어요. 도심에서 접하기 어려운 항아리바비큐, 토마호크 숯불바비큐, 랍스터라면 등의 메뉴로 특별함과 즐거움을 전달하려고 합니다.

Q 탁 트인 전망의 붉은 벽돌 건물이 이색적이에요. 아버지가 지은 집에 어떻게 바비큐 전문점을 열게 되었나요?

A 이곳은 스토리가 참 많은 곳이에요. 처음부터 식당도 아니었고 제 인생이 외식업과 연결될 줄도 몰랐어요. 저희 가게는 아버지의 꿈의 집이기도 한데요, 어린 시절 가난했던 아버지가 큰 집에 살고 싶다는 꿈을 품고 10여 년에 걸쳐 설계부터 시공까지 모두 직접 하셔서 지은 집이에요. 가진 돈이 많지 않으니 얻을 수 있는 넓은 땅은 여기 양평의 산꼭대기였죠.

막상 지어진 집을 보니 너무 컸고, 건축 비용 탓에 통장 잔고는 바닥이 보이고, 생계를 위해서 무엇이라도 해야 하는 상황이었어요. 이 공간에서 무엇을 할까 고민하다가 침대 몇 개를 만들어 게스트하우스를 시작했어요. 당시 스물둘 대학생인 제가 마케팅과 운영을 맡았는데 아는 방법이 별로 없어 블로그에 글 몇 개를 올렸지요. 그런데 신기하게도 그걸 보고 손님들이 찾아오시더라고요. 그때는 블로그 초기 시절이라 글을 올리면 상위 노출이 잘 되고, 덕분에 고객 유입으로 잘 이어졌죠.

산 좋고 공기 좋은 시골이라 고객에게 '정'을 전달하려는 취지에서 저녁 바비큐를 제공했더니 입소문이 나면서 단골이 생겼어요. 그러다 숙박 없이 바비큐만 먹고 싶다는 고객의 요청이 하나둘 늘어나 당일치기 바비큐를 시작했는데, 어느 순간 게스트하우스 숙박 손님보다 더 많아진 거예요. 결국 게스트하우스 운영 1년 만에 결단을 내려 바비큐 전문점으로 전환했습니다.

Q 의도하지 않게 '어쩌다 바비큐집 사장'이 된 셈이네요. 처음에는 어려움이 많았을 것 같아요.

A 장사 경험이 전혀 없었기에 초기에는 미숙한 점이 정말 많았어요. 지금에 비하면 터무니없는 매출이지만 적자가 아닌 상태로 그럭저럭 운영되었습니다. 먹고사는 문제 해결이 절박했던 터라 주변까지 둘러볼 여력 없이 우리 가게만 보고 장사

를 했더니 예상치 못한 곳에서 문제가 생겼어요. 조용한 시골 동네인데 단체 손님의 소음 때문에 이웃 주민들과 마찰이 있었고 계속된 민원으로 결국 가게를 옮겨야만 했던 것이죠.

근데 이전한 가게에서는 상황이 악화되었어요. 장소를 옮기니 고객의 분위기도 완전히 달라졌어요. 여행지에서 즐기는 낭만 바비큐가 아닌, 보통의 고깃집 바비큐가 된 셈이었죠. 손님들의 반응도 너무 냉정했어요. 이제 진짜 치열한 외식업에 들어섰구나 싶어 정신이 번쩍 들더라고요.

당시에는 음식의 가치를 높이는 방법을 전혀 몰랐어요. 무조건 더 많이, 더 싸게 하면 고객의 마음을 사로잡을 수 있다고 생각하고 무한 리필을 시작했습니다. 할인이나 서비스도 아낌없이 제공하니 단체 손님이 많이 유입되었어요. 하지만 나가는 돈이 너무 많아 매출이 올라도 남는 게 없었죠. 원가를 고려하지 않고 운영하니 수익 구조가 완전히 무너져버린 거예요.

인건비라도 아끼려고 하루 14시간 365일 휴일 없이 4년 동안 일만 하면서 몸도 마음도 정말 많이 지쳤어요. 열심히 하면 될 줄 알았는데, 삶은 나아지지 않으니 답답하고 번아웃이 왔어요. 구조적인 문제를 해결하지 않고는 달라지지 않는다는 것을 깨닫고 그때부터 바꾸려고 노력을 시도했어요. 변화가 필요한 시점이었죠.

Q 열심히 일은 하는데 가게 수익은 나아지지 않는 상황, 현재 어려움을 겪는 많은 사장님이 공감할 부분이에요. 이때 어떤 구조적인 문제가 있다고 느꼈나요? 그리고 그 문제점을 해결하기 위해 어떤 노력을 했는지 사장님의 경험을 공유해주세요.

A 누구나 처음부터 잘되면 좋지만 장사가 또 그렇지 않잖아요. 그럴 땐 해결책을 찾아 무엇이든 해야죠. 저는 수익 구조 개선이 가장 시급하다고 생각했고, 외식업 운영이나 원가 관리와 관련된 책을 찾아 읽기도 하고 교육 프로그램도 많이 찾아봤어요. 당시에는 지금처럼 체계적인 외식업 교육 프로그램이 많지 않았지만 식당 성

공 사례 강좌, 개인이 만든 유료 프로그램, 인문학 강의 등을 찾아다니며 최대한 많이 배우려고 했어요. 어떤 교육 프로그램은 돈과 시간이 아까울 정도로 실망스럽기도 했지만요.

이 시기에 다른 식당들도 많이 찾아다녔는데, 사실 그 부분이 큰 도움이 되었어요. 하루 14시간씩 가게에 갇혀서 안 보이던 것들이 다른 고깃집을 다녀보니 보이기 시작하더라고요. 이 가게는 몇 그램에 얼마를 하는데도 손님이 계속 오는구나, 우린 무한 리필인데 왜 손님이 안 올까, 가격을 올려도 가게에 차별성이 있으면 고객이 찾아오는구나 등등 많은 생각을 하게 됐죠. 바쁘다는 이유로 시장조사를 인터넷으로만 했지 발로 뛰며 현장을 다녀볼 생각을 하지 못했거든요. 그런데 실제로 현장을 다녀보니 직접 보고 배운 경험이 수익 구조를 개선하고 운영하는 데 실질적인 도움이 되었습니다. 배민아카데미 교육도 꾸준히 들었습니다. 우선 무료라는 가장 큰 강점과 함께 전국 각지에서 모인 여러 '공부하는 사장님'들을 만날 수 있어 나태해질 틈이 없었어요. 현상 유지가 아닌 더 큰 목표를 정하도록 독려해주기도 합니다. 그렇게 만난 사장님들과 자연스럽게 형성된 커뮤니티는 어떤 교육과도 비교할 수 없는 장사의 큰 밑거름이 되었습니다.

브랜드 리뉴얼로 다각도 변화, 성장 모멘텀이 되다

Q 다시 장소로 옮기면서 브랜드 리뉴얼 작업을 하셨다고요. 이때가 대디스바베큐의 변곡점이네요. 어떤 부분에 중점을 두고 리뉴얼하셨나요?

A 가게를 이사하면서 제가 공부하고 경험한 것을 최대한 접목하려고 했어요. 우선, 가게 이름을 바꿨어요. 그 전에는 게스트하우스를 하면서 지은 '양평힐링센터'

라는 상호를 계속 사용했는데, 명상 센터도 아니고 바비큐와 연결성이 없어 네이밍을 다시 하기로 했죠. 아버지의 공간에서 스토리를 풀어가는 게 좋겠다는 생각에 '대디스바베큐'로 정했는데, 이 부분이 고객들에게는 저희 가게 이야기에 더 관심을 가지고 빠져들게 만드는 지점인 것 같아요.

그리고 운영의 중심점이 될 핵심 가치를 '기분 전환'으로 정했습니다. '단순히 고기만 파는 곳이 아닌 좋은 기분을 선물하는 곳.' 우리 가게를 통해 고객이 이 같은 기분 전환을 경험하는 것을 원칙으로 세웠어요. 캠핑 분위기를 살려 매장 의자와 테이블을 제작하고, '불멍' 공간을 배치해 마시멜로를 구우면서 소소한 캠핑 감성을 느낄 수 있도록 했습니다. 그리고 운영 효율성을 위해 야외 바비큐 존을 모두 실내로 전환하고, 대신 바깥 풍경을 볼 수 있도록 통창으로 구성했어요. 실내 바비큐로 바꾸면서 계절과 날씨의 영향에 따라 생기는 매출 격차의 폭을 줄이는 데도 도움이 되었어요.

대디스바베큐를 지속 가능하게 만들기 위해서 가장 시급한 게 수익 구조의 변화였는데, 이를 위해 '많이 팔면 파는 대로 남는 구조로 만들자'는 기준을 정하고 메뉴를 개편했습니다. 기존 가게의 상징과도 같았던 무한 리필을 없애니 운영이 안정화되면서 매출이 상승하기 시작했습니다.

Q 상징적인 무한 리필을 없애면서 오히려 매출이 안정화되었군요. 과감한 결정이 대디스바베큐의 성장 모멘텀이 되었네요. 어떤 변화가 찾아왔죠?

A 무한 리필 시스템을 없애려니 사실 두려움이 컸어요. 기존 고객들은 100% 무한 리필을 보고 방문했는데 갑자기 없애면 손님이 안 오는 것 아닐까 걱정이 많이 되었습니다. 그럼에도 불구하고 수익 구조 개선을 위해서는 무한 리필을 중단할 수밖에 없었어요. 리뉴얼하고 1~2년 동안은 부분 리필로 절충하면서 추이를 지켜보다가 결국 메뉴에서 완전히 뺐죠.

무한 리필을 없애니 고객층이 달라졌어요. 기존 고객들은 발길이 뚝 끊겼고 단체 손님도 다 빠졌지요. 대신 가족 단위의 신규 고객이 유입되면서 오히려 매출이 안정화되었어요. 단체 손님은 예약 유무에 따라 매출 격차가 커서 운영 면에서는 사실 불안정했거든요. 지금은 가족 단위나 커플 고객에 포커스를 맞추고 마케팅을 하고 있습니다.

외곽에 위치한 입지 조건 때문에 발생하는 주중과 주말 매출 차이 극복이 저에게는 큰 숙제였어요. 하지만 고객의 입장에서 생각해보니 저라도 주중에 퇴근하고 양평까지 가서 바비큐를 먹지는 않을 것 같았어요. 이후 주중과 주말 매출 차이는 극복할 수 없다는 상황을 받아들이고 주말에 승부를 보기로 생각을 바꿨습니다. 주말 매출을 더 올리는 방향으로 마케팅 전략을 세우고 몇 년 운영하니 데이터가 쌓였고, 그 데이터를 기준으로 주말 근무 직원도 적절하게 배치하는 등 효율적인 방법을 계속 찾아가고 있습니다.

최소 비용으로 최대 효과를 내는 온라인 마케팅

Q 유동 인구 없는 산꼭대기에 위치한 이곳을 연 매출 20억원까지 성장시킨 마케팅 노하우가 궁금해요. 온라인 마케팅, 무엇부터 시작하면 좋을까요?

A 저희 가게 입지 조건이 일부러 찾아와야만 하는 곳이라 온라인 채널을 최대한 마케팅에 활용하고 있는데요, 네이버·카카오톡·구글·인스타그램·유튜브 등 각 채널의 집중도는 온라인 환경 트렌드에 따라 조금씩 달라집니다. 과거에는 네이버 블로그에 우리 가게 소개 글을 올렸다면 지금은 투입하는 에너지 대비 효율성을 고려해 네이버 플레이스, 인스타그램, 유튜브, 카카오톡 채널에 주력하고 있어요.

온라인 마케팅의 첫 스텝은 무조건 네이버 플레이스예요. 기본 중의 기본이죠. 네이버 플레이스는 온라인 간판인데, 우리 가게 간판이 최대한 돋보일 수 있도록 구성하는 것이 중요합니다. 가게에 대한 상세 정보에는 핵심 가치나 스토리, 고객에게 전달하는 메시지, 메뉴 사진과 가격 등을 빈칸 없이 다 채워야 해요. 음식 사진은 가장 먹음직스러운 사진으로 선택하고요. 경험하지 못한 고객은 맛있는 곳이 아닌, 맛있어 보이는 곳으로 향하기 때문에 사진으로 고객에게 좋은 첫인상을 남겨야 합니다. 쿠폰과 알림 사항도 적극 활용해야 해요. 쿠폰 등록 시 고객의 눈길을 사로잡는 마법의 단어인 '100% 무료'를 덧붙이면 효과적이죠. 많은 사장님이 알림 사항에 무엇을 적어야 하나 고민하는데요, 소소한 소식도 좋습니다. 알림 사항에 동영상을 넣으면 네이버 플레이스 지수가 올라가니 동영상도 적극 활용하길 권합니다. 댓글로 고객과 꾸준히 소통하는 것도 중요해요. 댓글은 우리 가게의 진정성을 보여주는 역할을 하고, 고객에게 진정성이 통하면 두터운 팬 층이 형성됩니다.

이 외에 블로그 체험단과 SNS 인플루언서를 통한 바이럴 마케팅도 적극적으로 활용하고 있어요. 업체를 통하지 않고 제가 체험단을 직접 발굴해 컨택하기 때문에 마케팅 비용 부담 없이 지속적으로 진행할 수 있습니다.

Q 블로그와 SNS 체험단을 직접 발굴하려면 상당한 시간과 노력이 필요해 보여요. 그럼에도 불구하고 전문 업체에 위탁하지 않고 직접 진행하는 이유가 있을까요? 체험단을 선별하는 사장님만의 노하우가 궁금합니다.

A 전문 업체를 거치지 않고 체험단을 직접 운용하는 데는 장단점이 있어요. 선별 과정에 시간과 에너지를 많이 투자해야 한다는 것이 단점이지만, 업체를 통하는 것보다 비용 절감도 되고 고퀄리티의 블로그를 직접 선택할 수 있다는 장점이 있습니다. 블로그 품질 지수를 확인할 수 있는 사이트를 활용해서 블로거를 발굴하는데요, 매장 근처 지역에 방문한 이력이 있는 블로거 중에서 '양평맛집', '바비큐맛집' 등의

키워드로 필터링합니다. 양평이 이동권에 있는, 맛집이나 여행 취향의 블로거를 선별하는 거죠. 이때 상위 노출 블로거는 피하는 편이에요. 매장에서의 식사 외에 추가 광고비를 요구할 확률이 높기 때문이죠.

블로거를 정하면 최근 게시물의 비밀 댓글로 협업을 제안합니다. 수락한 체험단에게는 방문 예약을 잡으면서 가이드라인을 전달하는데요, 상위 노출되고 싶은 메인 키워드와 서브 키워드, 방문 시 제공되는 식사 메뉴, 네이버 영수증 리뷰 요청까지 명확하게 전달해야 합니다.

키워드 추출은 키워드 분석 프로그램으로 도움을 받을 수 있어요. 여러 키워드 분석 서비스 중에서 최근에는 'M-자비스'를 유용하게 활용하고 있습니다. 카카오톡 챗봇을 통한 네이버 키워드 분석 서비스인데 무료 사용이라는 막강한 강점이 있어요. 키워드별 월간 검색량, 연령대별 검색량 현황, 키워드의 연관 검색어 등을 한눈에 확인할 수 있고, 모바일에서 쉽게 사용할 수 있어 편리합니다.

인스타그램의 경우, 계정의 품질 지수를 확인할 방법이 없어 직접 데이터를 만들고 있습니다. 최근 게시물 20개 정도를 평가 기준으로 보는데, 팔로워 숫자보다는 조회수가 높고, 섬네일을 잘 만들며, 알고리즘을 잘 타는 계정으로 선별합니다.

체험단을 통해 블로그와 인스타그램에 콘텐츠가 업로드된 후에는 반드시 결과 분석 과정을 거칩니다. 월간 조회수와 노출 순위, 반응이 있었던 키워드를 분석하면서 50개가 넘는 키워드를 엑셀 파일로 관리하고 있어요.

Q 카카오톡 채널은 어떻게 활용하나요?

A 체험단을 활용한 바이럴 마케팅이 신규 고객을 유입하고 다양한 키워드로 우리 가게를 상위 노출시키기 위한 활동이라면, 카카오톡 마케팅은 재방문을 유도하는 데 효과적입니다.

카카오톡은 전 국민의 90% 이상이 사용하는 가장 강력한 소통 수단이죠. 우리 가게를 방문한 고객들을 카카오톡 친구로 등록한 다음 이 친구들에게 혜택이 있는 다양한 이벤트를 알리고 재방문을 유도합니다. 매출 하락이 예상되는 날씨 안 좋은 날, 새해 같은 특별한 날, 신메뉴 출시 소식 등 다시 연락할 명분을 만들고 이벤트 광고 문자를 보냅니다. 저희 매장의 경우 전체 매출의 10% 정도가 이벤트 효과로 발생되니, 1만 7000명의 카카오톡 친구들에게 이벤트를 계속할 수밖에 없어요.

Q 그동안 실행해본 온라인 마케팅 중 가장 효과적인 것은 무엇인가요?

A 최근 인스타그램과 유튜브 인플루언서를 통한 숏폼 마케팅 효과를 많이 보고 있습니다. 고객 유입량이 많이 늘어 역대 최고 매출을 기록하며 큰 성장을 이루고 있지요. 몇 년 전에도 온라인 마케팅 효과로 고객이 폭발적으로 증가한 시기가 있었어요. 그때는 준비가 부족한 탓에 늘어난 고객을 매출로 흡수하지 못했고, 고객도 충분히 만족시키지 못하며 많은 걸 놓쳤죠. 그 경험 이후 운영 시스템을 갑자기 늘어난 고객도 감당할 수 있도록 세팅하고 다음을 기다렸습니다. 운 좋게 다시 기회가 왔고, 흐름에 맞는 온라인 마케팅과 탄탄한 조직력이 시너지 효과를 내면서 매출에 많은 기여를 했습니다.

Q 온라인 마케팅 관련 업무를 사장님 혼자 처리하기에는 역부족일 것 같아요. 효율적으로 운영하는 방법이 있나요?

A 복잡한 과정처럼 보이지만 체계를 잡아놓으면 업무를 쉽게 위임할 수 있습니다. 처음에는 A부터 Z까지 제가 직접 다 했지만, 이제는 파트타임 재택근무자에게 맡기고 있어요. 하루에 1시간씩 주 5일 재택근무자 구인 공고를 냈는데, 최저 시급에도 지원자 수가 예상 이상이었어요. 그중 마케팅 업무 경력자로 선택했고 지금까지 아주 만족하고 있습니다. 1시간 안에 최대한의 효과를 낼 수 있도록 처리할 업무를 요일별로 정리한 'TO DO' 리스트를 만들어 정확하게 전달합니다. 예를 들면, 월요

일은 '블덱스'에서 블로거 지수를 검색하고 몇 명 리스트업하기, 화요일은 리스트업한 블로거에게 정해진 양식에 따라 댓글 달기, 수요일은 네이버 플레이스 댓글 달기 등 업무 실행에 필요한 포맷을 미리 정리해주고, 파트타임 근무자는 주어진 업무만 수행하면 되게 만드는 거죠. 제 입장에서는 한 달 20만원 투자로 온라인 마케팅의 많은 업무가 위임되니 이보다 더 효율적인 방법은 없어요.

온라인 마케팅은 지속성이 너무 중요해요. 외식업계의 많은 사장님이 업체에 의뢰해 월 100만원 이상의 마케팅 비용을 지불하고 있는데요, 사장님이 직접 배워서 제가 실행한 방법처럼 업무를 위임하면서 하면 더 훌륭한 효과를 낼 수 있습니다.

"우리의 하루는 소중하고, 휴일은 특별하다"
기분 전환의 가치를 공유

Q 직원 명찰에 '크리에이터'라고 적혀 있어요. 어떤 의미인가요?

A 저희는 직원을 크리에이터라고 부르는데요, 대디스바베큐의 핵심 가치인 '기분 전환의 창작자'라는 의미를 담고 있어요. 대디스바베큐는 단순히 고기를 파는 곳이 아니라 기분을 선물하는 곳이며, 고객이 기분 전환을 할 수 있도록 활동하는 것이 직원의 역할이라는 경영 방침을 직원들에게 항상 강조합니다. 직원이 우리 가게의 핵심 가치와 비전을 이해하는 일은 너무나 중요해요. 이렇게 작은 명찰 하나에도 직원들의 마음가짐이 달라지게 됩니다.

직원들과 공유하는 또 다른 핵심 가치는 '동반 성장'이에요. 사업체와 직원이 같이 성장할 수 있다는 믿음과 심리적인 만족감이 있어야 오랫동안 함께할 수 있습니다. 직원들이 일하고 싶은 곳이 되려고 노력을 많이 하는데요, 근로기준법에 따라 주 5일 근무에 월차와 휴가를 제공하고, 동기부여 차원에서 기여도에 따라 상금을 주

기도 하며, 상장을 수여하기도 합니다. 단, 상장은 직원의 강점을 살려 모두에게 전달하죠. 지난 워크숍에서는 직원들에게 특별한 만년필을 선물하기도 했어요. 평소 직원들과 인생 목표 같은 미래 가치에 대해 이야기를 자주 나누는데요, 개인 목표를 만년필에 각인해서 전달했습니다. 대디스바베큐가 성장한 방식대로, 직원들도 매일 목표를 보며 뜻을 이루고 성장하길 바라는 마음을 담아서 말이죠.

Q 끊임없는 변화를 시도하는 대디스바베큐가 도달하려는 최종 지향점이 궁금합니다.

A 대디스바베큐의 시작이 '아버지의 꿈의 집'이었기에, 그 콘셉트를 계속 확장해서 적용하고 싶어요. 글램핑장이나 수영장 시설을 추가해 다양한 기분 전환의 경험을 할 수 있는 놀이동산 같은 공간으로 구성할 계획입니다.

"우리의 하루는 소중하고, 휴일은 특별하다." 고객에게 전달하는 이 메시지에 맞춰 대디스바베큐는 계속 진화 중입니다. ●

4
단골 마케팅

"장사의 8할은 목이다"라는 말이 있지 않나요? 장사에서 입지가 중요하다는 것을 모르는 이는 없을 것입니다. 물론 스마트폰이 보급되면서 직접 네이버나 구글 지도를 보며 숨은 맛집을 찾아가는 문화도 생겨났지만 여전히 유명 맛집들은 대형 상권에 밀집되어 있고 상권 자체의 집객 파워는 입소문만큼이나 무시할 수 없습니다. 아무리 잘 만든 요리라도 고객이 찾아오지 않는다면 무의미하니까요. 하지만 목 좋은 상권은 그만큼 많은 투자가 필요합니다. 그래서 대부분의 자영업 사장님들은 자본금에 맞춰 다소 불리한 상권에 들어가는 경우가 많습니다. 그런데 열심히 음식을 만들고 오시는 손님들에게 정성을 다해보지만 성장이 너무 더딘 것 같습니다. 아무래도 불리한 상권 탓이라는 생각이 자꾸 듭니다. 멀리서도 기꺼이 찾아올 만한 가치, 어떻게 만들면 좋을까요?

스시도쿠

손영래 사장님

비선호 입지에서도 성공할 수 있을까?

고객을 팬으로 만드는 전지적 고객 관점의 마케팅 전략

목이 좋아야 장사가 잘된다는 성공 공식을 깨트린 일식 브랜드가 있습니다. 서울 왕십리 뒷골목의 반지하 C급 상권에서 소자본으로 시작한 '스시도쿠'는 업력 10년 만에 연 매출 50억원, 한 해 방문 고객 23만 명이라는, 서울 초밥집 가운데 가장 많은 고객이 방문한 곳 중 하나가 되는 스타 브랜드로 자리 잡았습니다. 어떻게 열악한 입지의 안 보이는 가게에서 고객을 불러 모을 수 있었을까요? 최상의 퀄리티를 추구하는 맛과 서비스의 한 끗 차이로 고객을 사로잡고, 온·오프라인의 다양한 마케팅으로 멈추지 않는 변화를 시도하며 고객을 팬으로 확보하고 있습니다.

다섯 번째 직업 초밥집 사장,
어린 시절 행복한 기억의 초밥을 만들다

Q 스시도쿠 브랜드와 사장님에 대해 소개해주세요.

A 정통 숙성 라이브 스시 스시도쿠를 운영하는 손영래입니다. 서울의 왕십리, 성수, 신촌에 스시·가이센동·오마카세 전문 매장 5개를 운영하고 있으며, 현대백화점 신촌점에 이어 청주의 충청점에도 오픈을 준비 중입니다. 감사하게도 한 해 23만 명이 방문하는, 서울에서 가장 사랑받는 스시집으로 평가받고 있습니다.

Q 초밥집 사장이 다섯 번째 직업이라고요? 갑자기 외식업을 한 이유가 궁금해요.

A 외식업을 시작하기 전까지 다양한 일을 했어요. 유명 교육 회사 마케팅팀에 근

무하기도 했고, 축구 잡지사에서 기자로 일하기도 했고, IT 회사와 마케팅 회사를 차리기도 했었습니다. 학원에서 영어 강사를 한 적도 있고요. 그런데 일들이 모두 잘 안 풀렸습니다. 뭐라고 특정할 수 없는 시행착오의 연속이었죠. 그러다 10년 전 정말 우연히도 갑자기 식당 사장이 되었습니다. 제가 생각하기에도 뜬금없는 '급발진 전개'였죠.

하지만 인생 전체로 보자면 당연히 맥락이 있었습니다. 저는 어린 시절부터 초밥, 일식을 참 좋아했어요. 그런데 제가 어렸을 때는 고급 일식당이 주를 이루고 있어서 가격대가 높았습니다. 특별한 날이 아니면 가기가 쉽지 않았죠. 당시 무역업을 하시던 할아버지께서 일본 출장에 저를 데려가시곤 했는데, 그때 일본에서 먹은 맛있는 초밥의 행복한 기억이 아직도 각인되어 있습니다.

시간이 흘러, 10년 전부터 일식이 대중화되기 시작했습니다. 저가의 초밥 뷔페도 등장하고 초밥 한 판에 1만원대인 캐주얼 초밥집도 생겼지요. 처음에는 일식을 저렴하게 먹을 수 있다는 것만으로도 반가웠습니다. 하지만 형태만 일식일 뿐, 어린 시절 세가 느꼈던 감동은 없었습니다. 물론 고급 일식 레스토랑과 고급 오마카세 전문점은 계속 존재했지만 비싼 가격으로 쉽게 갈 수 있는 곳은 아니었습니다.

그때, 내가 먹고 싶은 초밥을 직접 만들어야겠다는 생각이 들었습니다. 5성급 호텔 퀄리티의 초밥을 합리적인 가격에 먹을 수 있는, 고급 일식당과 캐주얼 초밥집 중간 지대에 있는 초밥 가게를 만들면 승산이 있을 것이라 판단하고, 2014년 왕십리에 스시도쿠를 오픈했습니다.

Q 반지하 C급 상권의 열악한 조건에서 시작했습니다. 살아남기 위한 생존 마케팅이었다고요?

A 자금 사정상 대로변이 아닌 뒷골목의 오래된 건물에 18평 작은 매장을 얻었습니다. 눈에 띄지 않는 반지하에 C급 상권으로, 이전에도 수영복집·칼국숫집 등 일관

성 없는 업종의 매장들이 1년에 한 번씩 스쳐 지나가는 좋지 않은 자리였습니다.

오픈을 하고 정말 맛있는 초밥을 만들었는데, 아무도 오지 않았습니다. 눈에 띄지 않는 곳에 위치하니 당연한 결과였겠죠. 우리 가게에 찾아와야 할 이유를 만들어야 했고, '가성비'에서 해결법을 찾았습니다. 수많은 초밥집 중에 '가성비 좋은 초밥집'으로 고객의 선택을 받고자 박리다매 전략을 펼쳤습니다. 10배 덜 남기고 10배 더 판다는 정신으로, 적게 남기지만 많이 팔아서 생존하는 전략이었습니다. 손님이 와야 그 다음을 계획할 수 있으니까요.

아무리 맛있는 음식을 만들어도 알려지지 않으면 '세상에 없는 음식'입니다. 오프라인에서 보이지 않는 가게를 온라인으로는 잘 보이는 가게로 만들기 위해 정말 많이 노력했습니다. 직원들 월급을 주기 위해 살아남으려고 발버둥치다 보니 같은 제품이라도 다르게 보이게 하고, 조금이라도 더 많이 알려지게 할 수 있는 마케팅 능력이 조금씩 생긴 것 같습니다.

보이지 않는 곳까지 엄청나게 위생적으로, 엄청나게 꼼꼼하게, 엄청나게 고급스럽게, 엄청나게 덜 남게 했더니 언젠가부터 입소문이 나서 손님들이 밀려 들어오게 되었습니다. 그리고 1년 만에 바로 옆에 별관을 차리게 되었고요. 적게 남기지만 많이 팔아 생존하자는 전략이 통했던 거죠.

맛과 서비스의 한 끗 차이가 고객을 사로잡는다

Q '100% 라이브'와 '당일 재료, 당일 소진' 원칙이 인상적입니다. 음식 퀄리티에 대한 강한 자부심이 담겨 있는 것 같아요.

A 음식의 품질은 좋은 재료, 신선한 재료에서 시작됩니다. "가장 고급 재료로, 가장

숙련된 솜씨로, 가장 신선한 상태로"를 슬로건으로 삼고 주문 즉시 조리하는 '100% 라이브' 시스템으로 운영하고 있습니다. 일식 정통 수제 다시마 숙성인 곤부지메 숙성으로 맛을 극대화하고, 연어는 일반 매장의 3배, 다른 활어는 2배 이상의 크기를 고수하고 있습니다.

퀄리티, 맛, 양, 종류, 크기 모두에서 최고만을 추구합니다. 매출에서 재료비의 비중이 45%가 넘어도 국내에서 구할 수 있는 최고의 재료로 '당일 재료, 당일 소진' 원칙을 지키고 있습니다. 이 부분에 자부심을 갖기 위해 자체적으로 '보증서'를 만들었어요. 재료 품질에는 그 무엇과도 타협하지 않겠다는 제 자신과의 약속이자 고객과의 약속이죠. 보증서를 메뉴판에도 삽입하고 배달 포장에도 넣으니 고객도 저희 음식 퀄리티는 인정하고 다시 찾아줍니다.

Q 이름에서부터 당당함이 느껴지는 '당당마켓'은 무엇인가요?

A 매일 밤 9시, 당일 재료를 당일 소진하기 위해 할인 판매하는 '당당마켓'을 운영하고 있습니다. 쉽게 말해 마감 세일 같은 건데, 음식에 대한 당당한 자부심을 더해 이름도 당당마켓으로 했습니다. 당당마켓 운영은 고객, 식당, 직원 모두가 만족하는 긍정적인 효과가 있어요. 고객은 저렴하게 초밥을 즐길 수 있고, 식당은 새로운 고객을 확보할 수 있게 됩니다. 실제로 당당마켓으로 저희 음식을 경험한 고객 중 30~40%는 체리 피커가 아닌 진짜 고객으로 남게 되었으니까요. 당당마켓은 매출에도 기여를 합니다. 밤 9시는 초밥집에서 매출이 일어나지 않는 시간대인데 마지막 피치를 올려 판매가 이뤄지게 되거든요.

직원의 근무 만족도가 상승하는 효과도 있습니다. 남은 재고를 할인 판매하니 빠른 마감과 퇴근이 가능해지고, 직원들이 근무 환경에 만족하니 자연스럽게 근속 연수도 늘어나게 됩니다. 직원의 퇴사율이 감소하면 직원 채용에 시간과 노력을 허비할 필요가 없어지니 그야말로 일석 삼조 효과라 할 수 있죠.

Q 고급 일식당과 캐주얼 초밥집의 중간 지대로 포지셔닝했습니다. 최상급 퀄리티의 제품을 어떻게 합리적인 가격에 제공할 수 있나요?

A 우선, 같은 품질의 제품 중 전국에서 가장 저렴한 업체를 찾아 원자재비를 낮추는 방법이 있습니다. 품질과는 타협할 수 없으니 각 업체를 일일이 비교해서 동일한 품질 기준에서 최저가의 제품을 찾으려고 노력합니다. 그리고 동종 업계 사장님들과 합심하여 좋은 재료를 더 싸게 받을 수 있는 방법에 대해 계속 고민하며 연구하고 있죠. 서로 경쟁사지만 대의를 위해 하나로 뭉쳐 재료를 대량으로 매입하며 단가를 낮추기도 합니다.

고객의 관점에 맞춰 원가율을 낮출 수 있는 방법도 연구합니다. 예를 들어, 최고급 재료인 참다랑어 속살의 경우 일식 마니아인 저에게는 최고의 재료지만 고객들에게서는 피 맛이 난다는 컴플레인이 종종 있었습니다. 비싼 재료가 항상 최고의 가치와 만족을 주는 것은 아니더라고요. 대중적 취향을 고려해 눈다랑어 속살로 대체하니 원가율도 절감하면서 고객의 만족도도 높일 수 있었습니다. 고객의 관점에서 바라보면 음식의 가치는 그대로 전달되면서 원가율 부담은 낮춰주는 다른 대체 재료를 발굴할 수 있습니다.

고객 관점에서 분석한 다양한 이벤트, 고객이 와야 할 이유를 끊임없이 만들다

Q 스시도쿠에는 기록적인 숫자들이 따라옵니다. 연간 방문 기록 23만 명. 배달의민족 즐겨 찾기 기능인 '찜' 2만2000개. 배달의민족에 입점한 17만 개 전 업체를 통틀어 전국 1등의 기록이기도 하죠. 스시도쿠의 성공 비결은 무엇일까요?

A 오로지 고객의 관점에서, '역지사지' 키워드로 정리됩니다. 아무리 좋은 제품을

만들어도 구매하지 않으면 의미가 없고, 재구매로 이어지지 않으면 사업을 지속할 수 없지요. 이때 중요한 것이 기존 고객입니다. '어떻게 하면 기존 고객이 다시 우리를 찾아줄까?' 하며 늘 고민해요. 고객의 입장에서 우리 가게의 맛과 서비스를 평가하고, 고객에게 세심하게 반응하며 멈추지 않는 변화를 추구합니다. 그 결과 서울에서 가장 많은 고객이 방문한 초밥집이라는 타이틀을 얻게 되었죠.

스시도쿠에서의 식사 시간이 기분 좋게 기억될 수 있도록, 최상급의 신선한 재료가 아깝지 않은 맛과 솜씨, 생동감 넘치는 분위기로 공간을 채웁니다. 100% 라이브의 가치는 음식은 물론 서비스에서도 이어지고요. 기분 좋은 기억을 갖게 된 고객은 반드시 다시 찾아옵니다.

고객과의 관계도 중요합니다. 고객을 마치 연인처럼 다양한 이벤트로 재미를 안겨주며 관계를 유지합니다. 이벤트를 알릴 고객을 먼저 확보하고, 고객이 확보되면 다채로운 이벤트와 혜택을 통해 재방문을 유도하지요. 재방문한 고객은 바이럴 마케팅의 주축이 되어 또 방문할 수 있도록 더 특별한 혜택을 제공합니다. 이것이 바로, 최소의 비용으로 최대의 효과를 내는 마케팅 방법입니다.

Q 온·오프라인으로 진행되는 다양한 고객 이벤트는 스시도쿠의 트레이드마크로 자리 잡았습니다. 성공률을 높이는 스시도쿠만의 이벤트 전략이 궁금합니다.

A 인간의 뇌는 '에피소딩 메모리'라서 에피소드의 형태로 기억을 저장하고 떠올린다고 합니다. 삶이 끝나갈 때 즐거운 이벤트를 많이 기억하는 사람이 더 행복하다는 연구 결과도 있더군요. 인생이 이벤트인 것처럼, 고객에게 다양한 이벤트를 제공하려고 합니다.

예를 들면 '비가 오는 날에는 스시도쿠에 가야 한다'라는 이벤트가 있습니다. 비가 오면 손님이 줄어드는 문제가 있어, 비가 오는 날에 더 많은 고객을 유치하기 위해 만든 이벤트죠. SNS로 발송한 쿠폰을 가지고 오면 초밥 추가 혜택을 제공했습니다.

월드컵 시즌에는 경기 스코어를 맞추면 쿠폰을 제공하는 이벤트도 했어요. 이러한 SNS 이벤트는 팔로워를 추가 확보하고 온라인의 잠재 고객을 오프라인으로 유입해 스시도쿠를 경험하게 하는 효과가 있습니다. 매장에서는 카카오톡 플러스 친구로 등록하면 혜택을 제공하는 이벤트를 통해 고객을 확보합니다.

스시도쿠를 경험한 고객들에게 지속적인 재미와 혜택을 제공하며 재방문을 유도하기 위해 이처럼 끊임없이 연구하며 고민하고 있어요. 다양한 채널을 통한 이벤트는 모두 기록합니다. 어떤 이벤트가 더 효과적이었는지 분석하는 과정을 통해 다음 이벤트의 성공률을 높일 수 있거든요.

고객 관리 차원에서 이벤트를 열심히 하다 보니 카카오톡 플러스 친구는 14만 명, 포인트 적립 고객 DB는 8만 건, 인스타그램 팔로워는 1.7만 명이 모였습니다. 브랜드를 경험한 고객이 그렇지 않은 고객에 비해 프로모션 메시지에 반응할 확률이 7배 이상이라는 연구 결과가 있어요. 다양한 이벤트를 통해 고객의 DB를 확보하는 데 집중하는데요, 이 DB는 고객을 불러 모으는 마법의 열쇠와 같습니다. 고객 DB를 기반으로 이벤트를 알리고 재방문할 수 있도록 유도하는 것은 매우 중요해요. 조용한 가게는 조용히 사라질 수밖에 없습니다.

Q 다양한 이벤트를 진행했는데, 가장 효과적이었던 이벤트와 실패한 이벤트 사례를 공유해주세요.

A 고객들이 어떤 이벤트에 반응할까 항상 고민이 됩니다. 지금까지 진행했던 이벤트 중 대표적인 성공 사례로는 '선불카드 이벤트'가 있습니다. 연말이 되면 주변 사무실과 관공서에서 선불 결제를 요청하는 경우가 자주 있었는데요, 고객의 니즈를 반영해 선불카드 이벤트를 진행했습니다. 이벤트 기간 동안 첫째 날은 20% 적립, 둘째 날은 19% 적립 등 날마다 추가 적립 혜택이 1% 떨어지는 방식으로 선착순 200명 제한을 두었어요. 머뭇거리지 않고 첫날 구매를 유도하려는 의도가 있었지

요. 그리고 적중했습니다. 기간 내내 같은 비율로 적립하는 방법보다 효과적이었고 이틀 동안 3000만원이라는 놀라운 매출을 기록했습니다.

실패한 사례는 인스타그램 음식 사진 게시 이벤트였습니다. 100만원 상품권의 통 큰 혜택을 내세웠지만 잘 안 되었어요. 실패 요인을 분석하니 고객은 본인 계정의 피드 톤이 깨지는 것을 싫어하기 때문에 참여율이 저조했던 거더라고요. 이 결과를 통해 더 효과적인 방법인 네이버 영수증 리뷰 작성 이벤트에 집중할 수 있게 되었습니다.

Q 팝업 이벤트에서 그동안 축적한 고객 DB 덕에 위기를 모면한 경험이 있었다고요?

A 얼마 전 서울 강남 모 백화점에서 팝업 매장을 오픈했었습니다. 백화점 팝업 스토어도 궁금했고, 브랜드 인지도를 높이는 측면에서도 도움이 될 것 같아 참여했는데 첫날부터 난관에 부딪혔습니다. 백화점 측이 제시한 가이드라인과 예상 매출에 맞춰 요리사 10명, 홀 직원 5명을 투입했는데, 첫날 매출이 형편없는 거예요. 손님보다 직원이 더 많은 상황이었습니다. 유동 인구가 많은 백화점의 트래픽에만 의존한 큰 실수였죠. 바로 스시도쿠의 포인트 고객 DB, 카카오톡 플러스 친구, 인스타그램 팔로워를 총동원해서 팝업 행사 관련 프로모션 메시지를 전송했고 둘째 날부터는 메시지를 받은 저희 기존 고객들이 유입되었습니다. 여기서 재미있는 효과를 경험했는데요, 저희 기존 고객 몇 명이 앞에 줄을 서기 시작하니 그 뒤로 긴 줄이 연결되어 92명까지 줄을 선 것이에요. 결국 초밥이 완판되어 판매를 더 할 수 없는 상황이 되었습니다.

첫날 터무니없는 매출에 손 놓고 있었다면, 그동안 모아놓은 고객 DB가 아니었다면 수천만원의 매출 손실이 발생했을 것입니다. 행사를 하기 전에 온라인 채널로 사전 예고하고 고객이 반응할 시간을 충분히 확보하는 팝업 이벤트 전략의 중요성을 다시 한번 느꼈어요.

Q 고객 리뷰에 대한 '사장님 댓글'의 중요성을 강조하셨습니다. 어떻게 리뷰의 답글을 잠재 고객을 위한 홍보 수단으로 활용할 수 있을까요?

A 창업 후 지금까지 네이버 블로그, 방문자 리뷰, 배달의민족 리뷰, 구글 리뷰, 카카오맵 리뷰, 인스타그램 피드, 각종 맛집 리뷰 등에서 고객들이 저희 가게에 대해 남긴 후기를 단 한 개도 놓치지 않고 확인하고 있습니다. 이 리뷰의 내용으로 어떤 음식과 서비스에서 만족했는지, 불만족했는지를 표로 만들어서 꼼꼼하게 관리하고 있어요. 특히, 고객들의 컴플레인은 세세한 부분까지도 직원들과 회의를 통해 해결하려고 합니다.

고객 리뷰는 고객과의 커뮤니케이션 통로이기에 항상 댓글을 붙입니다. 고객 리뷰는 리뷰를 남긴 고객과 댓글을 다는 사장님과의 일대일 관계가 아닌, 일대 다수의 관계예요. 수많은 잠재 고객이 고객 리뷰뿐 아니라 사장님 댓글도 바라봅니다. 그래서 댓글을 잠재 고객에게 우리 상품의 특장점을 자연스럽게 노출시키는 홍보 수단으로 활용합니다. 이를 테면, 연어가 맛있다는 리뷰에는 "맛을 아는 고객"이라며 고객을 인정해주고 우리 가게 연어의 최상급 퀄리티를 강조하는 내용을 덧붙이지요.

긍정 리뷰는 정해진 가이드라인에 맞춰 훈련된 직원이 답변하기도 하지만 부정 리뷰는 모두 제가 직접 확인하고 답변을 달고 있습니다. 안타깝게도 다시마로 곤부지메 숙성을 거친 저희 초밥을 비리다고 오해하고 별점 1점의 부정 리뷰를 남기는 경우가 간혹 있어요. 부정 리뷰에 댓글을 작성할 때는 죄송하다는 말로 시작하지 않습니다. 예의는 갖추지만 비굴하지 않게, 음식을 만들어가는 방식과 절차에 대해 세세하게 설명하고 불만족이 심한 경우에는 재배달을 하기도 합니다. 재배달할 때는 다시마로 숙성해 풍미가 다른 것이니 다시마를 생각하면서 맛을 음미해달라고 부탁하고요. 그러면 90% 이상의 고객은 비리지 않고 괜찮다는 반응을 보입니다. 음식 품질에 대한 자부심으로 고객을 설득하는 것이죠.

지속성을 위한 배움,
직원에겐 '을'의 마음으로 다가가다

Q 사장님을 '을 중의 을'이라고 표현하셨습니다. 직원들에게도 '을'이라고요?

A 저희 브랜드를 찾아주는 고객은 물론이고, 내부 고객이라고 할 수 있는 직원들도 저에게는 '갑'입니다. 아무리 잘해줘도 나갈 때는 남이 되어버리지만, 계속해서 잘해줄 수밖에 없어요. 이유는 단순합니다. 제가 '을'이기 때문이죠. 직원이 없다면 사업이 제대로 운영되지 않기에 업계 1위 대우를 목표로 최고 대우를 고수하고 있습니다. 일이 많으면 더 시켜서 해결하지 않고 사람을 더 뽑아서 해결하다 보니 직원 수도 40명이 넘습니다. 1년 만근 시 연차 총 26일 제공, 주휴 수당, 야근 수당 등 노동의 대가에 대해 근로기준법을 100% 준수하고요. 이를 피하기 위한 어떤 꼼수도 부리지 않아요. 스시도쿠를 운영하는 11년 동안 단 한 번도 직원과 급여나 복지 문제로 갈등을 겪은 적이 없습니다.

직원들에게 업계 최고의 대우를 해주는 것은 물론, 매달 '직원의 날'에는 우수 팀을 선정해 휴무와 선물도 줍니다. 우승 팀에게 해외여행을 보내준 적도 있어요. 매년 1~2회 워크숍을 열고 열심히 일한 직원에게 포상을 하며 노력에 대한 보람과 재미를 제공해주려고 합니다.

Q 사업이 확장되고 상승세에 있습니다. 그럼에도 사업 관련 공부를 멈추지 않고 계속하는 이유가 있을까요?

A 저는 공부하지 않는 사람은 미래가 없다고 믿고 있습니다. 사업을 지속 가능하게 하려면 사장이 알아야 할 부분이 너무 많습니다. 브랜딩, 마케팅, 조리법, 원가 분석, 노무, 세무 등등. 요즘에는 릴스 편집 프로그램에 대해 배우고 있습니다.

외식업 전반에 대해서는 '중간계캠퍼스' 신병철 박사님의 강의와 배민아카데미의 강의가 정말 많이 도움이 되었어요. 배민아카데미 교육은 무료 강좌이면서도 수준급 강사진에 강의 내용까지 알차서, 직원과 함께 오프라인 교육도 참여했습니다.

마케팅에 대해 계속 공부하면서 스시도쿠에 적용하고 경험이 쌓이니 이제는 제가 강의를 할 기회가 생기더군요. 제가 교육받던 배민아카데미에서 강사로서 저의 노하우를 다른 사장님들과 나누기도 했고요. 그 외 '한국외식산업진흥원', '인사이트 플랫폼', '장사는 건물주다', '맥형아카데미' 등에서도 강의를 하고 있습니다. 전업 강사와 달리 현장에 있는 사장이 직접 실행한 경험담으로 강의를 하니 공감대가 형성되어 호응도가 높은 편입니다.

Q 만약 여섯 번째 직업을 갖게 된다면 무엇일까요?

A 배민프렌즈 3기에 선정되면서 외식업에 종사하는 다른 사장님들과 커뮤니티를 이루게 되었습니다. 현장에서 필요한 실질적인 정보를 교류할 수 있어 매우 좋았어요. 요즘 제가 관심을 가지고 추진하는 일이 있는데, 외식업 자영업자들을 모아 커뮤니티를 만드는 것입니다. 더 도움받는, 더 쉬운 장사를 할 수 있는 장사 커뮤니티로, 식자재와 인테리어 업체 정보, 마케팅 기술 등 사장님들에게 현실적이고 실질적인 정보를 전달하는 곳입니다. 제가 고객 DB를 모으는 데 일가견 있지 않습니까? 이번에는 자영업자 DB를 보아 모아 더 좋은 조건에서 장사할 수 있는 장을 마련하고 싶습니다. ●

브랜딩

"작은 식당의 브랜딩, 어떻게 시작하면 좋을까?"

권정훈
(현) 나무야컴퍼니 대표,
'장사권프로' 채널 운영, 저서 : 〈처음 하는 장사 공부〉 외 2권

◆◆◆

맛, 서비스, 위생 이 세 가지 기본 요소를 잘 지키기만 하면 되는 식당의 시대는 지났다고 합니다. 수많은 경쟁 속에서 반짝반짝 빛을 발하는 요즘의 외식 공간들은 단순한 식당이 아닌 하나의 '브랜드'가 되어가고 있습니다. 맛있는 음식뿐만 아니라 고객들에게 더욱 다양한 범주의 경험을 선사하고, 구성원들에게 보다 넓은 성장의 길을 열어주기도 합니다. 과거 전문 기획자에 의해 큰 기업에서나 하는 것인 줄로만 알았던 '브랜딩'이 이제는 내 식당만의 매력을 보여주는 필수 요소가 되었습니다. 누구나 할 수 있는 것이라고는 하지만 대체 브랜딩이 무엇인지 너무나 막연하기만 합니다. 작은 가게에서의 브랜딩, 어떻게 시작해야 할까요?

TIP ❶

"브랜딩은 더하는 것이 아닌 '빼는 것'입니다"

Q _ 그래서, 브랜딩이 대체 뭔가요?

A _ 도대체 작은 식당에 브랜딩이 필요하다고 하는 이유는 뭘까요? 마케팅 열심히 해서 음식만 많이 팔면 되는 게 식당 아닌가요? 그럼에도 불구하고 왜 다들 브랜딩 타령일까요? 아마 이런 의문을 가지고 있는 분들이 많을 겁니다. 식당에서, 그것도 작은 식당에서 브랜딩이라는 단어를 쓴 것도 사실은 그리 오래되지 않았습니다. 대기업 외식 브랜드에서는 오래전부터 브랜딩을 해오고 있었어요. 다만, 오늘 이야기하는 브랜딩보다는 디자인 브랜딩에 치우쳐져 있었죠. 그러다 보니 보통 브랜딩을 시각적인 부분에서 이해하기 쉽습니다. 하지만 작은 식당의 브랜딩은 심오한 부분까지 들어간다면 디자인 하나만으로 이야기할 수 있는 단순한 작업이 아닙니다. 심플하게 한마디로 표현하자면 '사랑받는 것'으로 만드는 작업이라고 이해할 수 있습니다. 그만큼 브랜딩은 디자인만이 아니라 보다 광범위한 영역이자 마케팅이라 할 수 있고, 단숨에 해결할 수 있는 문제는 아니라는 뜻이죠.

제가 자주 가는 동네의 작은 백반집은 디자인이 엉망입니다. 로고도 없어요. 그럼에도 불구하고 저는 그 식당을 한 달에 다섯 번 이상 찾습니다. 익숙하게 먹는 음식이 있고, 익숙하게 나오는 반찬 그리고 반겨주는 사장님이 있죠. 이 식당은 디자인 브랜딩은 전혀 되어 있지 않습니다. 하지만 익숙함을 무기로 엄마가 해주는 음식과 같다는 브랜딩이 지속적으로 쌓이고 있죠. 그래서 점심시간이면 사람들도 늘 붐벼요. 주변에는 중국집, 파스타집, 분식집, 덮밥집 등 다양한 식당들이 즐비하지만 이 집만큼 집밥의 느낌을 받기는 힘듭니다. '집밥 브랜딩'이 제대로 되어 있다는 증거죠. 그 흔한 마케팅 카피 하나 없이, 아주 자연스러운 브랜딩으로 사랑받는 대표적인 공간이라 할 수 있겠습니다.

브랜딩에 대한 오해가 어디서부터 시작되었는지 모르겠어요. 브랜딩은 이렇게 해야 하고, 저렇게 해야 하고…. 브랜딩을 하기 위해 열심히 무언가를 만들고 추가하려고 해요. 하지만 제가 생각하는 작은 식당의 브랜딩은 더하는 게 아니라 무조건 '빼야 한다'는 겁니다. 단 한 가지의 차별점만 내세울 수 있다면 그게 바로 작은 식당에서 할 수 있는 브랜딩입니다. 여기서 말하는 게 콕 짚어 메뉴만을 지칭하는 건 아닙니다. 앞서 말씀드린 제가 자주 가는 백반집은 메뉴가 열 가지가 넘어요. 메뉴가 한 가지여서 장사가 잘되는 건 그것이 마케팅에 좀 더 유리하기 때문이라고 할 수 있습니다. 그만큼 마케팅 면에서 전문 식당 이미지로 비춰지는 것이니까요.

브랜딩은 마케팅과 밀접한 관련이 있지만 확실히 다릅니다. 마케팅이 판매를 잘하기 위한 것이라면 브랜딩은 앞서 이야기했듯이 고객들의 사랑을 받기 위한 것입니다. 지금 당장은 돈을 벌지 못하더라도 말입니다. 이게 무슨 뚱딴지 같은 소리냐고 할 수 있습니다. 하지만 잘 생각해보세요. 남녀 간의 사이를 브랜딩과 비유하면 가장 쉽게 이해할 수 있습니다. "난 괜찮은 사람이야"라며 호감이 가는 이성에게 다가가는 건 마케팅입니다. 하지만 호감이 가는 상대의 마음을 움직이게 해 나에게 '먼저 고백하게 만드는 것', 그게 바로 브랜딩입니다. 그래서 아무리 작은 식당이라도 브랜딩을 해야 합니다. 식당은 결국 대중으로부터 사랑을 받아야 살아남는 존재니까요. 마케팅은 마케팅으로서의 역할을 하고, 브랜딩도 동시에 해나가야 합니다. 그래야 아쉬운 소리 하지 않아도, 마케팅을 계속하지 않아도 손님들이 우리 식당을 좋아하고 사랑하게 됩니다. 마치 남녀 사이에 고백을 받듯이 말입니다.

TIP ❷

"우리 식당만의 '뾰족함'이 바로 브랜딩의 시작점이에요."

Q _ 작은 식당에서의 브랜딩은 뭘 말하는 걸까요?

A _ 명확한 차별점이 없는 브랜딩은 기억에 남기 쉽지 않습니다. 앞서 이야기한 백반집은

푸근한 여사장님이 모든 손님들에게 구수한 인사를 건네줘요.

"시장하시죠. 빨리 준비해드릴게요", "저희 앞마당에서 키우는 상추인데 오늘 아침에 바로 따왔어요. 드셔보세요", "마당에 감나무가 하나 있는데 홍시가 몇 개 됐더라고요. 두 분만 드리는 거예요."

이런 인사가 식상하다고 느껴지나요? 절대 아닙니다. 제가 사는 동네에서 이렇게 인사하는 사장님은 이분 말고는 단 한 사람도 없습니다. 음식이 엄청나게 맛있는 건 아니에요. 그저 편안한 집밥 느낌이죠. 하지만 여사장님의 구수한 인사는 자꾸만 그 식당을 떠올리게 해줍니다. 그리고 소문내게 합니다. 결국 작은 식당에서 브랜딩을 한다는 건 '명확한 차별점'이 있어야 한다는 겁니다. 우리 식당에서 가장 내세울 수 있는 것. 그게 바로 브랜딩의 시초가 되고 시작점이 됩니다.

교육생으로 만난 김해의 한 사장님은 3개 매장을 운영하고 있습니다. 술을 좋아한 나머지 이자카야도 운영하고 있는데 술집에서는 금기인 '손님과 합석하는 것'을 오히려 즐깁니다. 그러다 보니 사장님과 함께 술을 먹고 싶어 하는 손님들이 일부러 찾는 경우가 잦습니다. 물론, '이게 브랜딩이다'라고 말하기는 어렵습니다. 하지만 주변의 술집들은 하지 못하는 걸 이 사장님은 하고 있는 셈이죠. 손님의 이야기를 들어주고, 공감해주며 좀 더 높은 객단가의 손님들을 끌어들입니다. 심지어 직원까지 이런 성향의 직원을 채용해 매장을 운영 중입니다. 이자카야지만 이야기를 들어주는 술집으로 포지셔닝을 한 것입니다. 여담이지만 이야기를 들어주다 보니 객단가가 10만원에서 크게는 100만원까지 아주 높게 나옵니다. 엇비슷한 술집들 사이에서 유일하게 내 이야기를 편하게 들어주는 사장님이 있는 곳. 손님들의 마음을 파고드는 엄청난 뾰족함으로 불경기에도 이 술집은 매출이 잘 나옵니다. 당연히 이 사례를 일반화할 수는 없습니다. 다만, 작은 식당에서의 브랜딩이라는 건, 그만큼 뾰족해야 한다는 이야기죠. 그냥 단순히 뾰족한 게 아니라 마치 압정처럼 찔렀을 때 피가 나올 정도로 뾰족해야 합니다. 그렇지 않고서는 브랜딩을 할 수 없는 게 과열된 경쟁이 난무하는 지금의 자영업 시장입니다.

과연 평범하기 짝이 없는 식당에서 무엇으로 승부를 볼 수 있을까 생각해보면 브랜딩밖에는 답이 없습니다. 먼저 찾아오고, 돈을 쓰고 싶게 만드는 작은 식당들은 모두 이런 뾰족한 브랜딩 무기를 가지고 있습니다. 브랜딩을 시작하고 싶다면 우리 가게만이, 나만이 가지고 있는 뾰족함이 무엇인지 먼저 생각해보시길 바랍니다.

TIP ❸

"동네 작은 식당은 '차별성' 자체가 브랜딩이죠"

Q _ 이미 매장을 운영 중이고 프랜차이즈인데도 브랜딩이 가능할까요?
A _ 아마 이런 의문을 가지는 분들의 공통점은 브랜딩을 디자인, 인테리어 정도로 생각하기 때문이 아닐까 싶습니다. 앞서 이야기했지만 작은 식당의 브랜딩에서 시각적인 디자인은 일부 요소에 불과할 뿐입니다. 프랜차이즈라면 더더욱 그렇죠. 대부분의 프랜차이즈 브랜드는 시각적인 브랜딩은 이미 잘 되어 있습니다. 기획 단계에서 기본적으로 갖추고 시작했기 때문입니다. 다만, 우리가 흔히 이야기하는 USP(Unique Selling Point), 즉 우리 가게만의 특별한 매력 포인트는 부족할 수 있습니다. 프랜차이즈라고 해서 모든 브랜드가 명확한 USP를 가지고 있지는 않은 것처럼 말이죠.
브랜딩은 USP와 아주 밀접한 관련이 있습니다. USP는 차별화의 범주를 좁히는 데 도움이 되지요. 단, 손님들의 니즈를 분명하게 파고드는 차별화여야만 살아남을 수 있습니다. 우리 동네 동종 가게의 90%에서는 볼 수 없지만 손님들의 90%는 원하는 것. 그것을 찾아야 합니다. 예를 들어 우리 동네에 중국집이 5개가 있는데 짬짜면은 모든 중국집에서 판매하지요. 하지만 짬짜면에 볶음밥까지 곁들인 짬짜볶밥을 파는 곳은 단 한 군데밖에 없습니다. 메뉴에서의 USP가 탄생한 거예요. 특별한 메뉴는 아니지만 동네에서 유일무이한, 손님들이 원하는 메뉴가 된 것입니다. 돈가스 가게도 마찬가지입니다. 많은 돈가스 가게가 등

심과 안심을 따로 팔지만 한 매장의 경우 등심과 안심을 반반씩 제공하는 메뉴가 있습니다. 등심과 안심 사이에서 항상 고민하는 손님들을 위한 메뉴죠. 단순하지만 이것이 메뉴의 USP로서 우리 가게만의 차별화를 꾀할 수 있는 방법이라고 할 수 있습니다.

프랜차이즈의 USP는 메뉴를 떠나 사장님 자체가 브랜딩이 되면 훨씬 좋습니다. 예를 들어 오래전 인연이 된 한 과일 주스 프랜차이즈 가맹점 사장님은 매일 아침 유니폼을 입고 매장 앞을 빗자루로 쓸면서 출근하는 동네 주민분들에게 인사를 합니다. 하루 이틀이 아니고 6개월, 1년 내내 인사를 했어요. 처음에는 어색해하던 행인들도 점차 반갑게 인사를 주고받게 됐습니다. 그리고 어떻게 됐을까요? 확실히 이전보다 매장을 찾는 동네 사람들의 비중이 늘었다고 합니다. 천천히 사장님 자체가 브랜딩이 되어 잠재 고객들을 끌어들였다는 뜻이에요.

또 다른 예로, 예전에 교육생으로 만난 버블티 프랜차이즈 가맹점을 운영하는 사장님을 들 수 있는데요, 이분은 10년째 한 매장을 운영하면서 매년 높은 소득을 올리고 있습니다. 브랜드 자체는 기울어져 폐점도 많아지고 있지만 이 지점만큼은 굳건합니다. 바로 사장님 자체가 브랜딩되었기 때문이에요. 먼지 손님 한 분 한 분의 의견에 귀 기울이고, 방문하는 대부분의 사람을 열심히 기억합니다. 그럼, 사장님이 없으면, 이러한 USP가 의미 없어지는 걸까요? 당연히 그래선 안 되겠죠. 그래서 직원, 알바생들에게도 우리 매장의 가장 중요한 가치는 '친절함'임을 명확하게 강조합니다. 그리고 친절 교육만큼은 누구에게도 일임하지 않고 직접 10년째 지속해 고객들이 방문했을 때 일관성 있는 서비스를 받을 수 있도록 하고 있습니다. 교육과정 중 고객을 직접 응대하는 미소를 본 적이 있는데, 항공사 스튜어디스 저리 가라 할 정도의 접객이었습니다. 손님들은 4000원짜리 버블티 한 잔만 가져가는 게 아니라 행복을 동시에 가져가고 있더군요. 그렇지 않았더라면 기울어져가는 브랜드의 가맹점이 10년째 살아남을 수 있었을까요? 이곳의 손님들은 다른 카페에서 무뚝뚝한 접객을 받을 때 이곳에서 느낀 행복감을 떠올리지 않을까요? 이것이 작은 가게의 브랜딩이 가지고 있는 힘이라고 할 수 있을 것입니다.

작은 식당의 브랜딩은 특별할 게 없습니다. 덕지덕지 바르지 않아도 됩니다. 오히려 덜어내고 뾰족하게 다듬어야 합니다. 사장님이 브랜딩이 되면 훨씬 더 좋습니다. 프랜차이즈라서 차별화하기 쉽지 않다고요? 아무 상관없습니다. 사장님은 프랜차이즈가 아니니까요. 대기업에서 하는 브랜딩, 어려운 책에서 말하는 브랜딩, 로고가 어떻고 BI, CI가 어떻고 하는 브랜딩은 그 다음입니다. 동네 작은 식당이 살아남기 위해선 차별성 자체가 브랜딩이 되어야 합니다. 그러면 유명해지고, 유명해지면 그 자체로도 브랜딩이 됩니다. 브랜딩을 해서 유명해지는 게 결코 아니라는 것을 명심했으면 좋겠습니다.

사장님이 묻고 전문가가 답하다

| chapter 1 | chapter 2 | **chapter 3** | chapter 4 |
| 메뉴 | 홍보 마케팅 | **가게 운영** | 가게 성장 |

chapter 3
가게 운영

가족 같은 직원, 가능할까?
〈숯불닭구이 호연재〉 임광택 사장님

부정 리뷰, 어떻게 대응할까?
〈대팔이네〉 이대현 사장님

조리 시간, 어떻게 줄일 수 있을까?
〈끄트머리집〉 윤혁진 사장님

사장 없는 오토 매장이 가능할까?
〈마이보틀〉 정준희 사장님

많이 파는데, 왜 남는 게 없을까?
〈진천청주왕족발〉 정하옥 사장님

❶ 직원 관리

외식업계의 이직률은 타 산업군에 비해 매우 높은 편입니다. 강도 높은 노동 환경, 낮은 임금이 주요 원인으로 꼽히죠. 잦은 휴일 근무로 일과 생활의 밸런스가 이뤄지지 않고, 불안정한 고용 상태로 인한 미래 불안 요소는 업무 만족도를 낮출 수밖에 없습니다. 가게를 운영하는 수많은 사장님의 가장 커다란 고민은 힘든 노동도, 까다로운 손님도 아닌 바로 내부 인력 관리라고 합니다. 그만큼 어려운 외식업 인력 관리, 사람과 사람 간의 문제다 보니 명확한 정답을 찾기도 힘든 것 같습니다. 구성원이 자부심을 갖고 일할 수 있는 가게, 사장님과 직원이 동반 성장할 수 있는 가게, 어떻게 만들어가면 좋을까요?

숯불닭구이 호연재
임광택 사장님

가족 같은 직원, 가능할까?

성장 가치와 동기부여로 직원 퇴사율 0% 만들기

외식업 사장님들의 가장 큰 고민거리인 인력 관리, 직원에게 성장 가치와 비전을 제시하면 결과는 달라질 수 있습니다. 구성원들 사이의 긍정적인 에너지는 결국 서비스 품질로 연결되어 고객들에게도 오롯이 전달되는 강력한 무기가 되지요. 대전의 핵심 상권 중 하나인 봉명동에 위치한 '숯불닭구이 호연재'는 직원의 성장 발판이 되길 자처합니다. 브랜드를 지속 가능하게 하는 원동력을 '사람'에서 찾고, 직원과 고객의 행복을 우선으로 경영을 합니다. 회사와 같이 성장할 수 있는 비전을 제시하고 미래에 대한 가능성을 찾도록 동기부여를 해, 직원이 오래 일하고 싶은 환경을 만들고 있습니다.

생계형 장사꾼에서 직원과 같이 성장하는 사업가로! 마인드 세팅의 힘

Q 사장님에 대해 소개해주세요. 23세에 첫 창업을 하셨네요.

A 대전에서 숯불닭구이 전문점을 운영하는 임광택입니다. 현재 '5.5닭갈비' 상대동점과 숯불닭구이 호연재(이하 호연재) 봉명본점, 이렇게 2개 매장을 운영하고 있으며, 호연재 2호점을 준비 중입니다. 이윤보다는 직원과 고객의 행복을 우선으로 생각하며 아르바이트생 포함 40명 이상의 직원과 행복하게 일하고 있습니다.

남들보다 일찍 창업한 이유는 단 하나, 생계 때문이었어요. 넉넉하지 않은 가정 형편 때문인지 막연하게 돈을 많이 벌고 싶었습니다. 주변 사람 중에 누가 가장 부자인지 둘러보니 닭갈비 프랜차이즈 매장을 운영하는 아버지 지인분이셨어요. 그분에게 어떻게 돈을 많이 버는지 여쭤봤더니 일단 일하면서 배우라고 하셨고 그때부터 제 인생에 닭갈비가 들어왔습니다.

아버지 지인분 매장에서 일하는 동안 사수를 잘 만난 덕에 장사에 대한 많은 부분을 배울 수 있었습니다. 그리고 1년 후, 2013년 제 나이 스물셋에 대학교 때부터 모아놓은 자본금으로 첫 번째 닭갈비 매장을 오픈했어요.

Q 첫 매장 운영은 어땠나요? 직원보다 나이 어린 사장님이라 힘든 부분도 많았을 것 같아요.

A 어린 사장이라고 하니 사기 치려는 사람, 이용하려는 직원, 대놓고 무시하는 아르바이트생 등으로 총체적 난국이었습니다. 직원들이 무시하고 따라오지 않는데, 제 입장에서는 사장 말을 왜 안 듣는지 도무지 이해가 안 갔어요. 저도 당시에는 생각이 짧고 직원 관리에서 미숙한 부분이 많았죠. 직원과 갈등이 깊어지니 안 되겠다 싶어 나른 사람을 이해해보려는 마음에 심리학 책을 읽기 시작했어요. 한 책에서 "인간은 생존을 위해 이기적인 유전자를 가지고 태어났다"고 하더군요. '정말 사실일까' 궁금한 생각에 행동심리학, 진화심리학까지 관련 서적까지 읽다 보니 이번에는 '인간은 왜 이기적일까'에 대한 물음이 생기더군요. 그 해답을 얻기 위해 인문학 서적까지 파고들었어요.

그때 책을 읽으면서 자아 성찰과 자기 관조를 하려고 많이 노력했어요. '내가 상대방 입장이라면 나는 어떻게 행동할 것인가' 생각하면서 사람들의 행동을 이해하려는 마음으로 바라보니 어느 순간 조금씩 이해가 되더군요.

Q 첫 매장보다 오히려 두 번째 가게의 운영이 더 힘들었다고요. 실패한 요인이 무엇일까요?

A 혈기 왕성한 20대인데 하고 싶은 것도, 욕심도 얼마나 많았겠습니까? 첫 가게

오픈하고 그럭저럭 운영하다가 2년이 지난 스물다섯에 두 번째 가게를 오픈했는데 말 그대로 쫄딱 망했습니다.

실패 원인은 여러 가지가 있겠지만, 상권 분석의 오류가 제일 컸습니다. 가게 위치는 원래 중심 상권이었지만 인근에 새로운 상권이 형성되었고 상권 이동을 미리 예측하지 못했던 거죠. 아이템 선정에도 문제가 있었습니다. 잘못된 판단으로 준비 없이 펍(pub)을 오픈했어요. 닭갈비를 굽는 것보다 목 좋은 곳의 규모 있는 맥줏집 사장이 더 근사해 보인다고 착각을 한 것이죠. 쉬지 않고 닭갈비 구우면서 아끼고 모은 돈을 모두 투자했는데 금전적인 손실이 컸습니다.

20대 중반의 미숙함과 성급함이 불러온 실패를 경험하면서 장사 공부에 몰두하게 되었습니다. 이후, 배달 전문 삼겹살구이 전문점을 운영했습니다. 초기 자본도 적게 투입하고 영업 이익도 좋았지만 시장이 포화되는 상황을 빠르게 포착하고 접었기에 손해는 없었어요.

Q 사장님의 첫 가게는 프랜차이즈 가맹점이지만, 개별 브랜딩으로 차별화되어 있어요. 어떤 계기로 가게에 스토리를 불어넣게 되었나요?

A 저희 매장 앞에는 특별한 안내문이 있어요. 영업 첫날부터 지금까지 운영 일자를 매일 표시하고 식재료에 담긴 스토리를 적어둔 것이지요. 50년 전통 친할아버지 방앗간의 최상급 참기름, 아버지가 가족 주려고 농약 안 치고 키운 상추, 어머니가 직접 담근 수제 무쌈 등 이러한 스토리와 세심한 서비스가 쌓여 인근에서 가장 오래되고 맛있는 가게로 손님들에게 인정받고 있습니다.

처음에는 저희 매장도 다른 체인점과 다를 바 없었어요. 장사를 잘하고 싶은 마음에 이런저런 강의를 들으며 장사 철학, 브랜딩에 대한 개념을 알게 되었고, 그때부터 배운 내용을 체계적으로 정리하기 시작했어요. 아버지가 농사 지은 상추나 할아버지의 참기름은 원래 사용하고 있었는데 고객에게 스토리를 전달하는 방법을 전혀

몰랐던 거죠. 하지만 배운 내용을 매장에 하나씩 접목하면서 저희 매장만의 특색을 찾게 된 거예요. 장사가 막막한 사장님들은 가게의 콘셉트와 스토리를 먼저 찾아보는 데서 시작하면 좋을 것 같습니다.

Q 장사 철학을 세우고, 매장의 특색을 브랜딩하면서 사업이 한 단계 나아가게 되었군요. 장사에서 사업가로서 성장의 모멘텀이 있었나요?

A 장사의 기술을 배우려고 강의를 많이 들으러 다녔다고 했잖아요. 한 교수님의 강의가 변곡점이 되었습니다. 우리 인생에서 평생 동안 가장 많은 시간을 할애하는

137

활동이 수면과 일인데, 지금 하는 일에 얼마나 가치를 느끼고 있는지에 스스로 물음을 던져보라는 내용이 있었어요. "마음이 움직이는 일을 하고 있지 않다면 그 일을 사랑하도록 노력해야 한다. 그러면 인생이 더 행복해진다"라는 아주 교과서적인 내용이었는데 그날 유독 그 말이 와닿았습니다.

제 자신을 돌아보니, 스물셋에 시작한 장사를 생계 수단으로만 여겼지 그 이상으로 생각해본 적이 없었던 거예요. 닭갈빗집을 하는 내 자신이 초라하게 느껴질 때도 있었습니다. 하지만 저의 20대를 통째로 바친 이 닭갈비에 젊은 시절의 땀과 눈물과 고단함이 다 묻어 있었죠. 내가 원해서 닭갈비를 시작한 건 아니었지만 내 일을 한 번 사랑해보기로 마음먹고 나니 외식업에 대한 마인드가 달라지기 시작했습니다. 열심히 일해서 돈을 버는 것도 중요하지만, 단순히 돈벌이만을 위해서 하는 것이 아니라 자부심을 가지고 일하는 과정을 행복하게 즐기자고 생각했습니다. 직원을 대하는 마음가짐도 이때 많이 달라졌어요. 가족보다 더 많은 시간을 같이 보내는 직원들도 행복해야 내가 일하는 과정을 즐길 수 있겠더라고요. 직원들이 더 오랫동안, 더 행복하게 일할 수 있는 근무 환경에 대해 고민하고, 제가 매장에 직접 출근하지 않아도 사업이 잘 운영될 수 있도록 세팅하기 시작했습니다. 이 시기에 출근하는 장사에서 경영 전략 사업으로 전환할 수 있었습니다.

호연재, 식문화를 경험하는 대전의 대표 브랜드를 꿈꾸다

Q 이후 호연재라는 브랜드를 만들었습니다. 기존 닭갈비 매장의 매출이 안정적으로 유지되고 운영도 잘되었는데, 새로운 브랜드 개발이 왜 필요했나요?

A 제가 생각하기에 사업은 유지라는 게 없는 것 같아요. 발전 아니면 쇠락, 둘 중

하나입니다. 기존 닭갈비 매장을 발전시키려고 많은 노력을 했고, 그 결과 초창기 월 매출 3000만원이던 것을 7000만원으로 2배 넘게 끌어올렸습니다. 하지만 여기까지가 한계점이었어요. 프랜차이즈 매장이고 동네 상권에 있기 때문에 더 이상 확장을 할 수가 없었지요. 동네 맛집에서 지역 맛집, 더 나아가 전국 맛집이 되어야 그 한계를 넘어설 수 있는데, 그러려면 새로운 브랜드가 필요하다고 생각했습니다.

Q 호연재는 네이밍부터 메뉴 디테일까지 브랜딩이 잘 되어 있어요. 브랜드 개발 과정이 궁금합니다.

A 외식업을 사랑하는 사람으로서, 외식 기업의 가치를 높이고 당당히 일할 수 있는 환경을 만들고 싶었고, 그렇게 준비된 프로젝트가 숯불닭구이 호연재입니다. 호연재는 조선 후기 여성 문인이자 대전의 대표 시인인 '김호연재'를 모티프로 하며 대전의 문화를 담은 로컬 레스토랑을 추구합니다.

브랜드 개발을 위해 전국의 음식점 수백 곳을 다니면서 시장조사를 하고 심층 분석했습니다. 아마 우리나라에 있는 닭갈빗집은 다 가봤을 겁니다. 최고의 맛을 내는 최상의 닭고기를 찾아 납품업체를 직접 방문하기도 했고요.

닭갈비라는 아이템은 정해졌고, 브랜드 콘셉트를 기획하는데, 제가 나고 자란 대전의 문화를 담고 싶었습니다. 대전시립도서관과 대덕문화원에서 자료를 찾다가 김호연재라는 인물을 알게 되었고 그분의 삶과 업적에 매료되어 그 이름으로 브랜드 네이밍도 하게 되었습니다.

식사를 넘어 '식문화 경험'에 초점을 맞추고, 메뉴 구성과 맞춤 식기 제작 등 브랜드 개발에 거의 3년을 투자했습니다. 그리고 브랜드만의 특색을 하나씩 채워갔어요. 호연재의 생가 동춘당의 가마솥을 표현한 볶음밥 그릇을 사용하고, 술과 담배를 사랑한 시인 김호연재를 그리며 시가 하이볼을 준비했죠. 그리고 조선시대 백자를 연상시키는 오목한 그릇으로 정갈하게 찬을 담았습니다.

외식업이 단순히 상을 차리고 치우는 업종으로만 치부되는 데 아쉬움이 있습니다. 우리나라의 식문화를 지키고 알리는 것이 외식 사업을 하는 사람으로서 자부심과 명예를 찾는 방법이라고 생각해요. 그래서 가급적 우수한 품질의 국내산 제품을 이용하고, 우리나라의 도자기를 활용하려고 합니다. 중국산 멜라민 그릇이 우리나라 도자기를 밀어내 일반 대중음식점에서는 찾아보기가 힘든 게 현실이잖아요. 우리 매장에서는 조금 비싸더라도 도예 장인과 컬래버레이션해 대전의 명산인 계룡산을 형상화한 그릇을 제작해 사용하고 있습니다. 또한 우리 선조들이 사용했던 유기 잔, 소리 잔을 전통주 잔으로 세팅해 고객들이 즐겁게 우리 고유의 식문화를 경험할 수 있도록 했습니다.

브랜드의 비전과 신뢰로,
직원이 일하고 싶은 환경을 만들다

Q 외식업은 이직률이 높은 직종이죠. 그럼에도 불구하고 퇴사율 0%를 만드는 사장님만의 노하우가 궁금합니다.

A 지금 같이 일하는 직원들은 길게는 8년에서 짧게는 1년 반 이상 함께하고 있어요. 호연재 매장은 이전에 가게 아르바이트생이던 친구가 점장으로 있고요. 직원이 음식점이 아닌 회사를 다닌다는 마인드를 가질 수 있도록, 회사가 성장하면서 직원도 같이 성장하는 환경을 만들려고 노력하고 있습니다. 인생이 바뀌지 않는데 고생을 하면서 오랫동안 한곳에서 일할 사람은 없어요. 이곳에서 일하면 인생이 바뀔 수 있다는 확신을 줘야 하죠. 저희 가게가 최저 시급으로 돈을 버는 수단이 아닌, 성장의 발판이 되는 곳이라고 생각할 수 있도록 직원을 대하고 있어요.

직원들이 이탈하는 원인은 분명해요. 대기업에 다니는 친구와 외식업 종사자를 보는 시선이 다르니 자부심은 떨어지고, 미래에 대한 고민은 많으나 급여는 적으니 현실이 불안정하기 때문이죠. 직원이 열심히 일하면 그 능력을 인정받을 수 있는 환경을 조성하려고 합니다. 동종 업계에 비해 급여도 높은 편이고, 여행 보너스 등 직원들 상황에 맞게 특별 보너스도 지급하면서 말이죠. 주변에서 일 잘하는 점장을 어떻게 채용했는지 많이 문의하는데요, 기업의 승진 시스템처럼 같이 일하면서 비전을 믿고 잘 따라오는 직원을 부점장, 점장으로 승진시키며 직급과 연봉을 올려줬습니다.

사업주 입장에서는 급여도, 직급도 충분히 올려줬는데 갑자기 퇴직하면 너무 스트레스가 되죠. 직원들과 자주 소통하면서 신뢰 관계를 형성하는 일도 중요합니다. 단순히 급여만 올려주면 언제든지 더 높은 연봉을 따라 떠날 수 있기에, 사람을 목적으로 대하지 않으려고 합니다.

우선 직원들의 미래에 대한 고민을 많이 들어주는 편입니다. 직원의 목표를 물어보고 목표 성취를 위해 필요한 자금을 모을 수 있도록 코칭하며 이끌어주고 있어요. 이를테면, 월세에 살고 있으면 목표 금액과 기간을 정해 전세 자금을 마련할 수 있도록 도우며 옆에서 재정 관리와 잔소리를 덧붙이죠. 연봉을 올려줄 때도 조건이 있어요. 목표 금액을 정하고 돈을 얼마나 모았는지 제가 직접 확인하는 거죠. 직원들은 목표에 도달하기 위해서라도 쉽게 그만두지 못해요.

Q 직원을 바라보는 관점이 다르네요. 인생 멘토처럼 느껴집니다.
A 사업 초반 직원 관리로 어려움을 겪으면서 관점이 많이 달라졌어요. 직원들에게 처음부터 큰 기대를 하지 않습니다. 기대치를 높게 잡으면 허점만 보이고, 기대치를 낮추면 감사한 마음이 생기더군요. 저는 작은 일에도 직원들에게 칭찬과 고마움을 자주 표현해요. 겉으로 표현하지 않으면 속마음을 알 수 없잖아요. 칭찬은 고래도 춤추게 한다는데, 직원들에게 칭찬이나 존중을 아끼지 않아야 구성원으로서 더욱 자부심과 즐거움을 느끼지 않겠습니까?

사업을 운영하면서 기준이 생겼어요. 저희 매장에서 식사를 하는 고객은 물론이고, 매장에서 일을 하는 '직원도 고객이다'라는 기준이요. 사업을 유지하게 하는 큰 축인 이 고객들이 만족하려면 어떻게 해야 할까요? 직원이 근무 환경에 만족하면 한 번이라도 더 웃으면서 더 나은 서비스로 고객을 대하게 되고, 이는 재방문율과 매출 증가로 이어지죠. 결국 직원에게 잘 대하는 것이 사장에게 이득이 되는 셈입니다. 직원들이 각자의 역할에 충실하면서 열심히 일하고 고객을 만족시킨다면, 저의 역할은 손님이 지불한 영업 이익을 배분하는 것이라고 생각해요. 사업이 잘되면 그 역할을 한 핵심 직원들에게는 그만큼의 보상이 채워져야 합니다. 직원들이 매장을 지키고 있기에 제가 운영 전략이나 마케팅 등 다음 사업을 기획할 여유를 확보할 수 있는 거죠. 공로를 세운 직원에게 기회와 보상이 돌아가면, 그걸 본 다른 직원들에게는 자극이 되며 자연스럽게 선순환이 됩니다. 직원이 지금 하는 일에 자부심을 가지고 미래를 꿈꾸면 좋겠습니다.

Q 매장에 거의 출근하지 않는데, 사장님 없이도 매출과 고객 만족도가 그대로 유지될 수 있는 비결이 뭔가요?

A 모든 매장을 사장이 직접 출근하지 않는 것을 기준으로 시스템을 구축했어요. 대신, 매장마다 핵심 직원을 2명씩 배치하고 그 직원들과는 수시로 커뮤니케이션하며 매장 상황을 전달받습니다. 우리 브랜드의 사업 철학과 운영 방향을 잘 이해하는 핵심 직원의 역할이 아주 중요한데요, 핵심 직원을 집중 관리하면서 회사 안에서 성장 가치를 느낄 수 있도록 충분히 소통하고 고민을 같이 해결합니다. 핵심 직원이 우리 회사에서 계속 일하고 싶은 마음이 들도록 물심양면 적극적으로 지원하고 있어요. 매장의 성장이 본인의 성장이라고 생각해야 스스로 열심히 일하기 때문에 브랜드의 가치를 많이 공유하고 있습니다.

일손이 부족할 때는 가끔 매장에 나가는데요, 그때는 아르바이트생 친구들과 이야기를 많이 하려고 합니다. 꿈이 무엇인지, 돈을 버는 목표가 무엇인지 질문합니다. 돈을 버는 이유만 봐도 그 사람의 많은 부분이 보인다고 생각해요. 생활비가 필요해서 여기저기 아르바이트를 다닌다면 근무시간을 더 늘려주기도 하고, 데이트 자금을 마련하기 위해 일한다면 데이트 식사 쿠폰을 보내주기도 합니다. 이렇게 교감을 한 아르바이트생들은 감사한 마음에 더 열심히 일하게 됩니다.

직원에게 교육하는 고객 서비스 방침은 "자율적으로 생각하되, 고객에게 이득이 되는 방향으로"입니다. 직원들이 신속하면서 능동적으로 고객 응대를 할 수 있도록, 권한을 부여하는 임파워먼트를 강조한 것입니다. 저희 가게는 손님에게 서비스 메뉴를 아낌없이 제공하는데요, 서비스 품목과 수량을 리스트업하고 그 안에서는 점장부터 아르바이트생까지 자율적으로 제공할 수 있도록 했습니다. 단, 서비스 제공 시에는 반드시 이야기를 붙여야 한다는 규칙이 있어요. 이를테면 부모님을 모시고

온 테이블에는 효도 칭찬 서비스, 술자리인데 차를 가지고 와서 물만 마신다면 무알코올 칵테일 서비스 등 상황에 맞게 고객 응대를 하도록 합니다. 아르바이트생의 친구들이 와도 당연히 서비스가 나갑니다. 반드시 따라야 하는 중요한 핵심 시스템과 운영 매뉴얼만 교육하고 나머지는 직원에게 자율성과 권한을 부여하니 더 능동적으로 일해주는 것 같습니다.

Q 항상 성실하고 좋은 직원만 있을 수는 없죠. 문제를 일으킨 사례와 대처 방법이 궁금해요.

A 배달 전문 매장을 운영할 때였습니다. 예고 없이 잠시 매장을 들렀는데, 담당 직원이 배달 주문을 막아놓고 친구들과 화투를 치고 있지 않겠습니까? 평소 일도 잘하고 성실해서 믿는 직원이었기에 충격이 컸습니다. 쉽게 넘어갈 문제가 아니고, 그렇다고 화를 낸다고 해서 없던 일이 되는 것도 아니기에 어떻게 대처할지 순간 고민을 했습니다. 바로 그날 장사를 정리하고 직원과 술 한잔 하면서 이야기를 나눴습니다. 관리자 없이 매장에 혼자 있는데 누구라도 마음대로 하고 싶은 생각이 들 수 있다고, 직원만의 잘못이 아니라 관리 감독을 소홀히 한 나의 잘못도 있으니 다시 열심히 일해보자고 하며 다독였습니다. 이후 관리 감독 시스템을 보완했고 그 직원도 더 열심히 근무했습니다.

화를 낼 수도 있지만 사업을 하면서 발생하는 일에 대해서는 화를 잘 안 내는 편입니다. 대신 왜 이런 일이 발생했는지 생각해보며 해결해야 할 문제로 접근합니다. 화를 낸다는 것은, 나쁜 감정만 타인에게 분출할 뿐 어떤 해결책도 되지 않습니다. 직원의 실수에 대해서는 화로 다스리지 않으려고 합니다.

브랜드를 지속 가능하게 만드는 열쇠는
'사람'에게 있다

Q 대전에서 서울로 이동하며, 외식 경영과 마케팅 관련 교육을 꾸준히 듣는 '공부하는 사장님'입니다. 이러한 교육 프로그램이 사업 운영에 어떻게 도움이 되었나요?

A 사업 실패의 쓴 경험을 하니 장사 공부를 제대로 해보고 싶었습니다. 외식업계에서는 잘 알려진 김영갑 교수님의 강의를 등록하고 브랜딩, 온라인 마케팅, 상권분석 등 다양한 프로그램을 들었습니다. 주 3일을 대전에서 서울로 오가며 수강할 정도로 학구열을 불태웠지요. 이때 같이 교육 프로그램에 참여한 한 대표님과는 아주 친밀한 관계가 되었는데요, 사업 수완이 탁월한 그분이 일대일 멘토링도 해주셨습니다. 이론적 강의로 사업의 큰 틀을 배웠다면, 일대일 멘토링으로 실질적인 방법과 스킬을 익힐 수 있었죠.

외식업 공부는 강의를 듣는 것도 있지만 사람을 통해서 얻는 부분도 큽니다. 배민프렌즈 6기에 선정되면서 같은 기수의 사장님들과 커뮤니티를 이루고 교류를 해왔는데, 여기에서 배우는 내용이 정말 많습니다. 사장님마다 강점이 다 달라 각 분야의 실질적인 정보 교환과 컨설팅까지 이뤄집니다. 장사 공부에도 단계가 있어서, 초기에는 개념적인 내용을 강의로 익히고 다음 단계에서는 배운 내용을 현장에 접목하며 흡수해야 합니다. 지금은 예전처럼 강의를 찾아 다니지는 않지만, 실제로 운영하면서 어려운 부분이 있으면 다른 사장님에게 자문을 구하며 계속 배우고 있습니다.

Q 개인 블로그를 운영하며 브랜드 개발 과정, 업장에서의 일상 등 다양한 콘텐츠를 담고 있어요. 블로그에 꾸준히 글을 올리는 이유가 궁금합니다.

A 몇 년 전, 온라인 마케팅 강의를 들으면서 교수님의 제안으로 블로그를 쓰기 시작했습니다. 최선을 다해 사업에 임하는 것은 기본이고, 어떤 가치를 담고 있는지

고객에게 알리는 것이 온라인 마케팅의 시작이니 매일매일 블로그를 써보라고 했습니다. 당시에는 SNS보다 블로그가 대세였지요. 블로그에 글을 올리니 생각도 정리되고, 블로그를 통해 우리가 어떤 일을 하고 있고 어떤 마음가짐으로 일을 하는지 알리는 효과도 있었습니다. 밖에서 보면 잘 안 보이는 내부 이야기를 올리다 보니, 블로그 내용을 보고 직원 채용 문의를 하는 경우도 종종 있습니다.

매장에서 있었던 여러 가지 에피소드를 소설처럼 각색해 블로그에 연재하고 있어요. 꾸준히 글을 올리는 이유는 개인적으로 글 쓰는 일이 재미있기도 하지만 스토리를 통해 고생하는 직원들에게 고마움을 전달하려는 마음이 제일 큽니다.

Q 결국 브랜드를 지속시키는 열쇠는 '사람'에게 있네요. 직원 관리로 힘들어하는 사장님들에게 조언을 한다면요?

A 고객과 직원이 없으면 사업은 더 이상 앞으로 나아갈 수 없습니다. 고객과 직원의 행복을 우선으로, 이윤은 그 후에 생각해보세요. 당장 눈앞에 보이는 것만 아끼면 더 큰 손실을 불러올 수 있습니다. 직원에게 투자하는 비용을 아까워하지 마세요. 마음이 맞는 직원이 있다면 적합한 급여와 복지로 오래 일할 수 있는 근무 환경을 만들고, 이곳에서 같이 성장할 수 있다는 확신을 줘야 합니다. ●

❷ 고객 서비스

'무플보다 악플이 낫다'는 말이 있죠. 사실 귀에 달갑지 않은 이야기보다 더 서글픈 건 무관심일 겁니다. 특히나 날로 치열해지는 외식업 경쟁 속에서 소비자들이 주는 관심은 사업 존폐의 중요한 척도가 되지요. '시성비(시간의 가성비)'가 중요한 키워드로 떠오른 요즘, 사람들은 시간 낭비를 원치 않습니다. 검증되지 않은 곳을 방문해 내 소중한 저녁 시간을 망치느니 약간의 수고를 해서라도 사전에 정보를 찾아 한 번 더 확인하죠. 스마트폰 화면 몇 번만 터치하면 내가 방문할 예정인 식당의 사전 조사가 충분히 이뤄지니까요. 이때 우리가 찾는 웬만한 정보는 나보다 앞서 해당 매장을 방문한 사람들의 리뷰 속에 다 있을 거예요. 리뷰가 많을수록, 별점이 높을수록 그곳이 '검증된 곳'이라 믿게 됩니다. 네이버 지도나 카카오맵 또는 구글맵에 있는 리뷰의 수는 곧 그 매장에 대한 사람들의 관심도를 나타냅니다. 리뷰에 대한 중요성은 식당을 운영하는 사장님들이라면 이미 잘 알고 계실 거예요. 이 시대에는 리뷰 관리가 테이블을 깨끗하게 닦아 관리하는 것만큼이나 중요하다는 사실을요. 현명한 사장님들은 리뷰를 통해 고객과 친근감을 형성할 뿐만 아니라 악플 속에 담긴 핵심을 파악해 가게를 더 나은 방향으로 개선하는 데 적극 활용합니다. 관심도와 신뢰감을 높이는 슬기로운 리뷰 관리, 어떻게 하는 것이 좋을까요?

대팔이네
이대현 사장님

부정 리뷰, 어떻게 대응할까?

부정을 긍정으로 전환시키는 슬기로운 리뷰 관리

서울 강동구 천호동에 있는 돼지곱창 전문점 '대팔이네'에 가면 화장실에서 화이트보드를 발견할 수 있다고 해요. 이곳에 대해 하고 싶은 이야기를 마음껏 쓰라는 주인장의 뜻이라네요. 어쩌면 고객이 가장 솔직할 수 있는 공간이라는 생각에서 출발한 아이디어 아닐까요? 대팔이네의 이대현 사장님은 "나쁜 리뷰는 100명 중 99명이 절대 대면으로 하지 않는다"라고 말합니다. 익명성을 빌려야 비로소 솔직한 시각의 냉철한 평가가 이뤄진다면서요. 그리고 그게 '찐'이라고 합니다. 그래서 대팔이네는 고객들의 리뷰, 특히 부정적인 리뷰에 즉각적으로 대응하려고 노력한다고 해요. 그 피드백 속에 담긴 가게의 문제점을 빠르게 파악하고 즉각 시정에 나서는 거지요. 그 과정 속에서 오늘날의 대팔이네가 더 나은 가게로 거듭나고 있다고 사장님은 말합니다.

불리한 입지 조건,
고객과의 유대감 형성으로 극복하다

Q 사장님과 사장님의 가게를 소개해주세요.

A 안녕하세요. 저는 이대현이라고 합니다. 2021년부터 천호동에서 대팔이네라는 돼지곱창 전문점을 운영하고 있어요. 천호동 먹자골목 상권에 있어서 젊은 고객들, 특히 20~30대 여성들이 많이 찾아주십니다. 젊은 고객들의 입맛에 맞추기 위해 곱창을 직화로 익혀 불 향을 입히고, 다양한 세트 메뉴와 사이드 메뉴를 선보이고 있어요. 대팔이네가 위치한 골목은 메인 상권에서 벗어나 있기 때문에 지나가다 들를

수 있는 곳이 아니라 찾아와야 하는 곳입니다. 그래서 한 번 왔다가 다시 찾아오는 고객들이 특히 중요해요. 고객들이 재방문할 수 있도록 청결한 이미지와 만족스러운 서비스, 특히 호불호가 갈리지 않는 맛의 곱창을 선보이기 위해 노력합니다.

Q 안 온 사람은 있어도 한 번만 온 사람은 없게 한다, 많은 사장님이 바라는 목표일 것 같아요. 대팔이네는 재방문율을 높이기 위해 구체적으로 어떻게 하고 계신가요?

A 대팔이네를 찾는 주요 연령층이 아무래도 SNS에 친숙한 젊은 세대이니까 SNS 활용을 많이 하려고 해요. 대팔이네 인스타그램 계정을 적극적으로 운영하면서 직원들의 일상을 재미있게 릴스로 만들어 올리기도 하고요. 고객들이 대팔이네를 방문하고 우리 계정을 태그해 올리면 메시지를 추가해 리그램해요. 때론 여러 번 방문하신 분들이 감사하게도 빵이나 커피를 사가지고 오시기도 하죠. 그러면 저희 아이덴티티이기도 한 호랑이 사진을 배경으로 고객들이 주신 선물을 놓고 사진 찍고, 그분들을 태그해 올려요. 이런 사소한 소통들이 모여서 유대감이 형성되면 자연스럽게 대팔이네를 아지트처럼 여겨주는 것 같습니다. SNS 활용은 지속성이 중요합니다. 잠깐 하다가 효과가 없다고 멈추면 아무 의미가 없어요. 바빠도, 올릴 게 없어도 꾸준히 고객에게 생동감을 전달해야 합니다. 가게의 간판이 화려하면 멀리서도 잘 보이겠죠. SNS는 아주 멀리 있는 고객이 볼 수 있는 간판이라고 생각해요.

또 다양한 이벤트나 쿠폰 제공을 공격적으로 합니다. 해피 아워 때 방문 시 소주 원플러스 원 서비스, 오후 6시 이전 방문 시 곱창전골 서비스, 임산부·군인·생일자 서비스 등 명분을 다양하게 만들어서요. 비용으로 따지면 한 달에 200만~300만원어치의 상품을 무료로 제공합니다. 다른 사장님들은 너무 서비스를 많이 주면 가게 이미지가 훼손된다고 조언하기도 하지만, 저는 이런 이벤트가 천호동 이 구석의 골목까지 고객들을 끌어오는 장치라고 생각해요. 그들을 단골로 사로잡는 건 이제 저희 몫이죠. 이벤트가 많은 곳인데 음식 맛까지 좋으면 저 같아도 또 가겠어요.

충분한 준비 없이 시작한 곱창집,
장사 공부로 돌파구를 찾다

Q 어떻게 곱창집을 운영하게 되었는지 궁금해요.

A 스물일곱 살 때 '하남돼지집'이라는 돼지고기 전문 프랜차이즈에서 일을 하면서 처음으로 외식업에 재미를 느꼈어요. 테이블마다 일대일로 고기를 구워주면서 서비스를 하는 곳이다 보니 고객을 상대할 기회가 많았거든요. 고객과 소통하고 그들이 단골이 되는 일련의 과정들이 참 재밌고 보람차더라고요. 이게 내 사업이라면 더 재밌을 거란 확신이 들었죠. 2년 정도 일하면서 노하우를 쌓고 29세 때 친구와 함께 삼겹살 가게를 오픈했어요. 동종 업계에서 일한 경험이 큰 도움이 되어 첫 장사였지만 비교적 수월하게 진행됐던 것 같아요. 천호동에 자리 잡아 2년 정도 운영했고 장사도 잘됐어요. 그런데 어느 날 갑자기 그런 생각이 들더라고요. '아, 내가 30대에도 이렇게 또 정신없이 치열하게 살아야 하나? 어딘가 제대로 여행을 간 추억도 없는데' 하고요. 인생을 길게 봤을 때 그때가 쉬어줘야 할 타이밍인 것 같더라고요. 그래서 제 몫의 투자금을 빼고 2년 정도 세계여행을 떠났죠.

한국에 돌아오고 나서도 삼겹살 전문점을 운영하고 싶었어요. 그런데 2년 사이에 삼겹살 원물 가격이 엄청 많이 올랐더라고요. 또 직접 구워주는 시스템의 고깃집들이 너무 많았고, 비슷하게 경쟁하려면 인력 투입이 많이 필요하기에 오픈 비용도 높았고요. 제 수중에 2500만 원 정도 있었는데 그 자본금 내에서 할 수 있으면서 마진율이 안정적이고 대중에게 꾸준하게 사랑받아온 아이템을 찾아보다가 돼지곱창을 선택하게 됐어요. 주요 원물의 공급가 변동이 거의 없는 편이라는 게 마음에 들었습니다. 그리고 제가 숯을 다룰 줄 아니까 직화로 구워 불 향을 입힌 곱창을 한다면 재밌을 것 같다고 생각했죠.

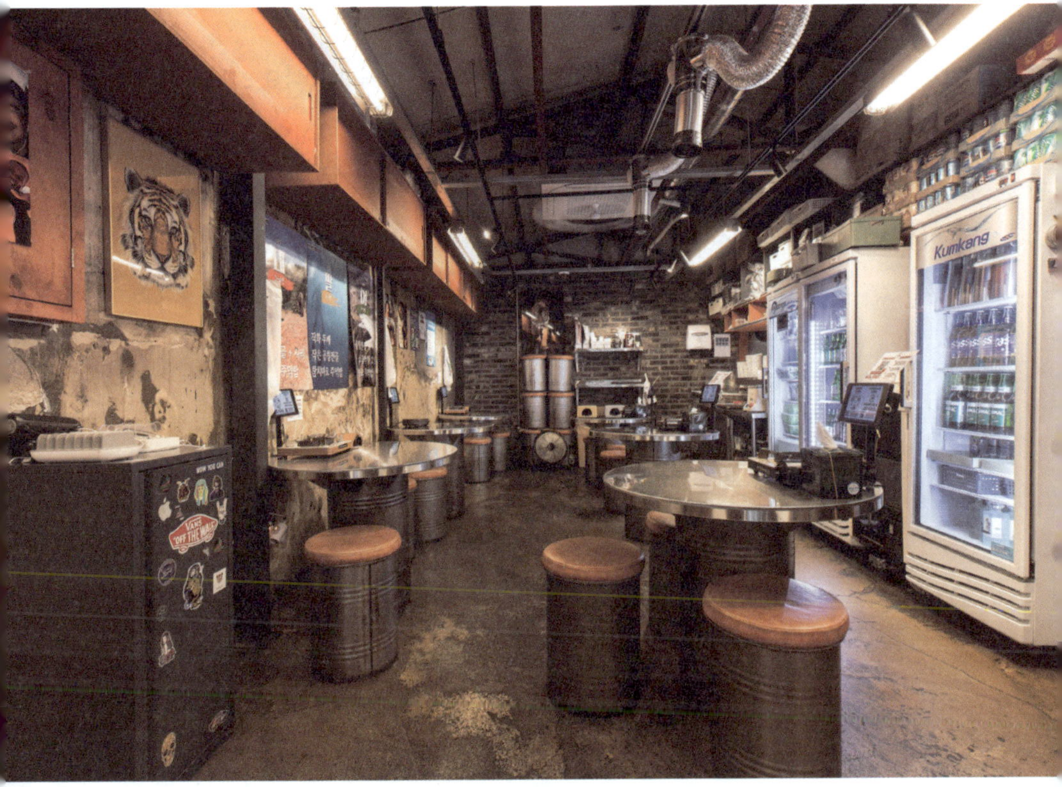
Kumkang
VANS
OFF THE WALL

대팔이네
ADT

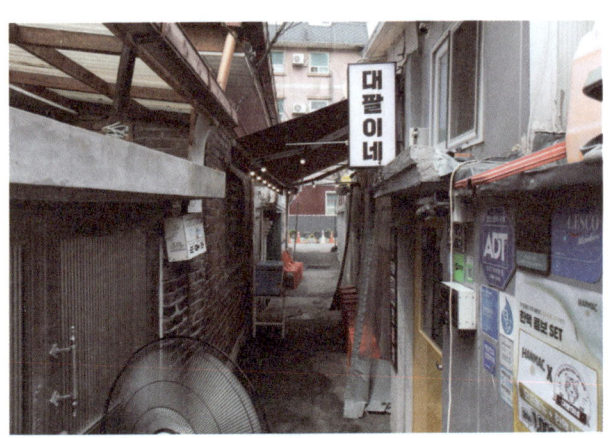

Q 맛있는 곱창 만들기, 수월하게 잘 풀렸나요?

A 바보 같게도 맛에 대한 목표는 처음에 그렇게 높게 잡지 않았어요. 그냥 '먹을 만한 정도만 만들자'였죠. 오픈하고 나서 첫 한 달은 지인들이 많이 팔아주고 입소문을 내준 덕분에 어떻게 잘 지나갔어요. 그런데 그 다음부터가 진짜였어요. 이 정도 맛의 곱창은 어디를 가나 있고 심지어 더 맛있는 곳도 있는데, 굳이 메인 골목에서 300m를 더 들어오면서까지 여기를 다시 찾을 이유가 없었던 겁니다. 하루 한 테이블 받는 날이 수두룩했어요. 안일한 태도가 낳은 처참한 결과였죠.

생존을 위한 고민의 나날이 지속되던 시기, 배민아카데미를 알게 됐어요. 무료 강의라 처음엔 반신반의했지만 그만큼 부담도 없었어요. 그게 본격 장사 공부의 시작이었습니다. 실전을 충분히 다졌다고 생각했지만 알아야 할 것이 너무나 많더라고요. 그곳에서 수업을 들으면서 좋은 고춧가루·간장·고추장을 써야 하는 이유, MSG의 다양성같이 장사에 바로 써먹을 수 있는, 당시 저에게 정말 필요했던 공부를 할 수 있었습니다. 그때를 계기로 직화 곱창에 어울리는 소스 레시피를 잡아갔어요. 핵심 양념을 업그레이드해 맛을 안정적으로 끌어올린 것이 가게의 중요한 전환점이 됐죠. 그리고 드디어 손님들한테 "곱창 맛있다"라는 피드백을 들을 수 있었습니다.

고객이 '진짜' 하고 싶은 말에 귀를 기울이다

Q 사장님이 만족하는 곱창의 맛을 잡아가는 과정 동안 맛에 대한 혹평을 피할 수 없었을 것 같아요. 부정적인 리뷰들에는 어떻게 대응했나요?

A 스스로 맛에 대해 중심을 못 잡으니 고객들의 리뷰에 따라 레시피가 휘청거렸어요. 누군가가 너무 싱겁다고 하면 소금을 더 넣었고, 그럼 또 짜대요. 그럼 짠맛을 내는 다른 재료를 좀 줄이죠. 그럼 또 감칠맛이 없대요. 짜고 달고 싱겁다는 리뷰, 그

러니까 우리 곱창이 맛없다는 말 하나하나가 너무 상처가 됐고 그래서 더 우왕좌왕했습니다. 그래도 그런 리뷰들을 꾸준히 모니터링하고 개선한 덕분에 지금까지 올 수 있었어요. 사실 맛없으면 그냥 다시 안 오면 되는데 굳이 문제점에 대해 이야기를 해주신 분들이잖아요. 소중한 의견들인데 열린 마음으로 피드백을 수용하지 않을 이유가 없었어요.

Q 부정적인 리뷰가 순기능하도록 잘 활용하신 것 같아요. 지금도 꾸준히 리뷰를 모니터링하시나요?

A 사실 대다수의 고객이 대면해서는 이야기를 잘 하지 않아요. 저는 그분들의 속이 너무 궁금한 거예요. 그래서 테이블에 비치된 태블릿으로 고객 만족도 조사를 하고 있습니다. 참여한 분들에겐 추첨을 통해 대팔이네 3만원 이용권이나 스타벅스 커피 쿠폰을 드리고 있어요. 적으면 30건, 많으면 60건 정도로 꽤 많은 의견이 들어옵니다. 맛이나 인테리어 등 저희가 생각하지 못했던 부분들에 대해서 다방면으로 피드백을 줘서 많은 도움이 됐어요. 특히 자체적인 레시피 매뉴얼을 만든 계기가 되기도 했는데요. 짜거나 기름지다는 피드백을 보고 그날그날 주방을 점검하니 직원마다 조금씩 재료를 다르게 쓰고 있더라고요. 고객들의 입맛은 다를 수 있어도 테이블마다 나가는 음식의 맛이 다르면 안 되잖아요. 맛이 최대한 일률적으로 나올 수 있도록 그날 이후부터는 정확히 계량된 배합으로 요리하도록 관리하고 있습니다. 자신의 의견을 수용하고 개선된 것을 확인한 고객 역시 가게의 진정성을 느끼지 않을까요? 입에 쓴 약이 몸에 좋다고 하잖아요. 고객의 쓴소리는 가게에 약이 됩니다.

Q 온라인에 고객들이 남기는 리뷰는 어떻게 관리하세요?

A 리뷰를 다 읽고 처음에는 하나하나 직접 댓글을 달았어요. 그런데 리뷰 이벤트를 다양하게 진행하다 보니, 리뷰 관리가 일이 되더라고요. 좀 더 효율적인 방법을

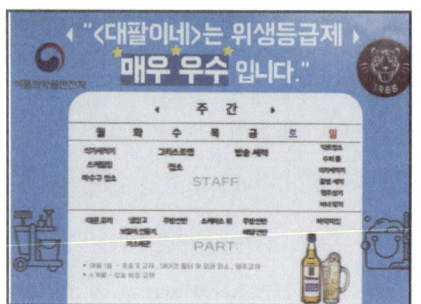

고민하던 차에 네이버 플레이스 관리 교육을 통해 네이버에서 제공하는 서비스들에 대해 알게 됐습니다. 그중 하나가 AI 서비스였죠. 지금은 긍정 리뷰에는 챗 GPT와 네이버 스마트 플레이스 관리 효율성을 높이는 'AI 리뷰 관리 솔루션' 같은 AI 프로그램을 활용하고 있습니다. 천편일률적인 복사 붙여넣기가 아니라 제가 설정한 캐릭터의 AI가 고객들의 리뷰를 파악하고 적절한 답글 초안을 만들어줘서 일의 효율성을 높여줍니다. 물론 댓글 중에서 컴플레인이 있는지는 늘 촉각을 세워 살펴보고 있고 직접 대응합니다. 어떤 문제 상황인지 정확히 파악하고 우리가 명확하게 잘못한 부분이라면 고객이 만족할 수 있게 처신해야 하니까요.

예를 들어 배달 주문을 했는데 반찬 뚜껑이 열려서 다 엉망이 됐대요. 그럴 땐 저희 전화번호를 남기면서 전화를 달라고 하거나 다음에 닉네임을 얘기해주면 서비스를 챙겨드리겠다고 응대해요. 그러면 높은 확률로 저희의 응대에 답을 주시고 발 빠른 처리를 고마워하더라고요. 문제 해결에도 골든 타임이 있어요. 얼마나 문제 해결을 신속하게, 잘했느냐에 따라서 그 고객의 리뷰가 바뀌기 때문에 컴플레인은 늘 신경 쓰고 기민하게 처리합니다.

편견을 믿음으로 바꾼 '깨끗한 곱창집'

Q 대팔이네 리뷰 중에 직원분들의 위생모에 대해서도 많이들 언급하던데요. 의도하신 부분인가요?

A 곱창을 취급하기 때문에 위생에 더 철저히 신경 쓰고 있어요. 제가 경험했던 곱창집들은 대부분 냄새가 났어요. 저는 그게 너무 싫더라고요. 분명히 이게 싫어서 곱창집에 오지 않는 고객들도 있을 거예요. 그래서 우리 가게는 원물 세척을 철저하게 하는 건 물론이고 홀, 주방, 화장실 등 모든 공간을 확실하게 청소합니다. 매장 입구에도 식약처에서 시행하는 음식점 '위생등급제 매우 우수' 표지판을 배치했고, 위생모를 쓴 직원들을 통해서 청결하다는 이미지를 심어주려고 해요. 처음에는 이미지 때문이 아니라 주방에서는 반드시 모자를 착용해야 하는 위생법을 따른 거예요. 두피에 예민한 친구들도 있어서 일반 모자 대신 위생모를 구입해 쓰게 됐는데 고객들의 반응이 좋더라고요. 대팔이네가 오픈 주방이기 때문에 위생모를 쓴 직원들이 더 눈에 띈 영향도 있고요. 음식점이 오픈 주방을 설치하기 쉽지 않은데 저희는 오픈 주방인 데다 들어와 통로를 지날 때 주방이 훤히 보이는 구조예요. 일부러 그렇게 한 거거든요. 그만큼 위생에 자신이 있다는 뜻이에요. 그런데 리뷰들을 보면 간혹 이걸 알아차리고 이야기하는 분들도 계시더라고요. 의도한 것이든 혹은 의외의 포인트에서든 고객들이 우리가 전하고자 하는 이미지를 캐치해낼 때 보람을 느낍니다.

Q 청결에 진심인 게 느껴져요. 직원들이 지켜야 할 게 많으면 이에 따른 관리도 잘 하셔야 할 것 같아요. 직원 관리는 어떻게 하고 계세요?

A 직원들이 원하는 것이 무엇인지를 구체적으로 파악하려고 노력해요. 처음에는 제가 받으면 좋을 것 같은 걸 복지로 내세웠어요. 제가 2년 정도 삼겹살 가게를 운영하면서 여행에 대해 심한 갈증이 왔잖아요. 그래서 직원들에게도 2년 근속하면 한 달 유급 휴가를 주겠다고 했어요. 나름 파격적인 복지라고 생각했는데, 이와 상

관없이 중간에 그만두는 친구들이 여전히 생기고, 효과적인 유인책이 되지 않더라고요. 직원들과 일대일로 이야기를 많이 나눠보니 직원들이 원하는 복지는 좀 다른 거였어요. 가령 주 5일 근무, 근무시간 단축 같은 거요. 외식업에 종사하면 주 6일 근무는 당연한 거라 생각했는데 제가 너무 옛날 생각에 매몰되어 있었던 거죠. 상담 이후로 아르바이트생을 더 고용하더라도 근무 스케줄을 조정해서 직원들의 업무 환경을 개선해주기 위해 노력하고 있습니다.

그리고 그만두는 직원들에게 서운함을 느끼지 않도록 스스로 마인드셋을 합니다. 저는 역량 있는 직원들을 인재로 키워내면서 이 브랜드도 같이 키워가고 싶어요. 그러다 보니 중간에 나가는 친구들을 보면 내가 뭘 못해줬는지 생각하게 되더라고요. 그런데 이게 별로 생산적인 생각이 아닌 것 같았어요. 이젠 그보다는 직원들에게 저랑 같이 간다면 성공할 수 있다는 비전을 심어주는 데 좀 더 집중합니다. 더 많이 공부해서 배울 게 많은 사장이 될 겁니다.

Q 내 브랜드를 함께 키워가는 직원들은 정말 소중하게 느껴질 것 같아요. 어떤 브랜드를 만들어가고 싶으세요?

A 대팔이네는 돼지곱창 전문점이었다면 2호점은 또 다른 아이템으로 F&B 브랜드를 론칭할 계획입니다. 열린 분위기 속에서 다방면으로 확장하는 브랜드를 만들고 싶어요. 고객들의 피드백을 먹고 사는 만큼 내부에서 들려오는 크고 작은 목소리에도 귀 기울이려고 해요. 이 브랜드가 더 멀리 나아갈 수 있으려면 우리를 소비하는 고객들뿐 아니라 이 브랜드를 만들어가는 직원들의 이야기도 중요하니까요. 내부적으로 더 단단한, 그래서 더욱 열려 있는 브랜드를 만들고자 합니다. ●

③ 조리 시간 단축

시간을 분초 단위로 나눠서 사용하는 '분초 사회'가 되면서 '시성비'가 새로운 소비 트렌드로 주목받고 있습니다. 시간 대비 성능을 의미하는 시성비는 소비자들이 시간의 가치를 중요하게 여기며 효율적으로 사용하려는 성향을 반영하는 것이죠. 이에 서비스 공급자들도 바쁜 일상을 영위하는 현대인의 시간 효율을 최대한 배려하는 것이 중요합니다. 특히 좌석이 한정적인 외식업종에서는 빠른 서비스를 제공할수록 고객 회전율을 높여 영업 효율을 끌어올릴 수 있지요. 또한 가성비 높은 메뉴를 파는 업종일수록 한정된 시간 동안 최대한 많은 고객에게 판매해야만 이윤을 높일 수 있습니다. 하지만 오직 빠른 속도에만 집중하기에는 여러 리스크가 존재합니다. 충분히 정성을 다하지 못한 음식을 제공해 고객 만족도가 떨어질 수 있고, 이를 인력 보충으로 상쇄하자니 인건비 부담이 올라가 수익 구조의 안정성이 떨어지니 말입니다. 고객의 소중한 시간을 낭비하지 않고 영업 효율도 극대화할 수 있는 효율적인 시스템 구축, 과연 어떻게 하면 좋을까요?

끄트머리집
윤혁진 사장님

조리 시간, 어떻게 줄일 수 있을까?

시간은 금, 원가절감을 위한 시성비 매장 운영 전략

서울 성동구 한양대 상권의 '끄트머리집'은 젊은 소비자들의 시간과 지갑 사정을 고려한, 시성비와 가성비 맛집으로 유명합니다. 돼지김치구이 전문점으로, 소비자의 편의를 위해 주방에서 고기를 구워 빠르게 제공합니다. 5~7분으로 조리 시간을 단축하기 위해 주방 동선을 분석하고 효율적인 시스템을 구축했지요. 소자본 창업의 노하우가 많은 이곳의 대표는 조리 시간 단축은 원가절감의 효과도 있다고 강조합니다.

대기업에서 외식업으로, 버킷 리스트가 이끈 새로운 도전

Q 윤혁진 사장님과 가게를 소개해주세요. 끄트머리집이란 상호는 골목 끝에 있어서 붙인 이름인가요?

A 성동구 왕십리 한양대 앞에서 끄트머리집을 운영하는 윤혁진입니다. 골목 끄트머리에 위치해 기억하기 좋게 끄트머리집이란 이름을 붙이고, 돼지김치구이 단일 품목으로만 승부를 보고 있습니다.

2019년 오픈한 끄트머리집은 소박한 목표가 있어요. 왕십리에서 생활하는 학생들, 직장인들에게 엄마의 손맛을 느끼게 하고 싶다는 겁니다. 엄마가 차려준 듯한 따뜻한 고기를 즉석으로 구워서 제공하며 실제로 저희 어머니가 담근 무김치를 함께 내어 집밥의 온기를 더하고 있습니다.

첫 창업은 2014년으로 감자튀김 전문점으로 시작했고, 그 전에는 대기업 인사팀에 근무했습니다. 첫 가게의 경우 3000만원 소자본으로 빚 없이 시작해 연 매출 20억 원까지 달성했어요. 재미 요소를 더한 이벤트와 고객 밀착형 마케팅 스토리가 채널A의 <서민갑부>를 비롯해 MBC, SBS, YTN 등 다수의 프로그램에 소개되기도 했습니다. 감사하게도 저의 경험을 <나는, 빚내지 않고 3천만 원으로 장사를 시작했습니다>라는 제목의 책으로 출간할 기회가 있었고, 배민아카데미와 '세바시(세상을 바꾸는 시간)'의 강연자로 나서 소상공인을 위한 강의도 했습니다.

Q 대기업 인사팀에서 전혀 다른 분야인 외식업에 도전한 이유는 무엇인가요?

A 외식업을 하려는 생각은 이전부터 있었어요. 인생의 크고 작은 목표를 버킷 리스트로 만들고 하나씩 성취해가고 있는데요, 대학 시절 세운 목표가 여행을 좋아하니 40대에는 마음 맞는 친구와 가게를 열어 3개월씩 나눠서 장사를 하며 여행을 다니는 것이었죠.

대학 졸업 후 회사에 취직해 인사팀에 근무했습니다. 당시에는 신입 사원 채용 담당과 교육 담당 PM이라는 커리어에 목표를 두었어요. 뭐든 시작하면 열심히 하는 성격이라 생각보다 일찍 목표를 달성할 수 있었고, 40대가 되지는 않았지만 다음 목표인 외식업을 하기 위해 회사를 나오게 됐습니다.

누군가는 대기업의 안정적인 생활을 왜 박차고 나왔느냐고 하겠지만, 저에게는 버킷 리스트를 실현하는 일이 중요했어요. 지금도 마찬가지고요. 철없는 시절에는 자영업을 하면 시간이 많을 줄 알았는데, 자영업자의 삶 아시잖아요? 그래도 비록 3개월까지는 아니지만 원래의 목표대로 여행도 종종 다니고 있습니다. 저의 또 다른 꿈인 여행 다니는 삶도 포기하지 않으려고 노력한 결과 최대한 일과 휴식의 밸런스를 유지할 수 있도록 시스템을 구축하게 됐어요. 스스로의 행복을 위해 세운 목표는 결국 일을 더욱 열정적으로 할 수 있게 독려하는 좋은 자극제가 됩니다.

소자본 창업, 치열한 상권 분석으로
아이템을 찾다

Q 퇴사 후 창업 준비는 어떻게 하셨어요? '빚 없는 창업'을 원칙으로 세운 이유가 있을까요?

A '서울시 소상공인 창업스쿨', '서울시 청년창업센터'에서 창업 준비를 했어요. 그리고 상권 분석에 시간 투자를 많이 했습니다. 청년창업센터에서 만난 멘토분이 장사를 시작하면 상권 보러 다닐 시간이 없으니 미리 많이 보고 안목을 키우라고 조언해주셨어요. 저 같은 소자본 창업자는 발품을 팔아야 하나라도 더 얻는다고요. 청년창업센터에서 받은 인큐베이팅 지원금이 포함된 저의 창업 예산은 3000만원. 빚 없이 시작한다는 원칙을 세운 이유는 처음 하는 장사이고, 혹시 잘 안 될 경우에도 빚이 없다면 언제든지 다시 시작할 수 있기 때문이었죠. 적은 예산에 맞추려고 하니 6개월 이상 상권을 보러 다닐 수밖에 없었습니다. 마음은 홍대 근처였지만 3000만원으로는 어림도 없었죠. 근처 상권을 찾아보니 홍대와 상암동 상권 사이에 있는 마포구 성산동이 눈에 들어왔습니다. 메인 상권보다는 메인 상권에 인접한 동네 상권을 눈여겨본 이유는, 소자본으로 대형 상권의 대형 매장과는 경쟁 상대가 될 수 없기 때문이죠. 하지만 동네 상권은 소자본으로도 충분히 해볼 만하죠.
자본금에 맞춰 성산동 고가도로 밑의 가게를 찾았고, 가게 상권에 맞춰 아이템을 고민한 후 감자튀김 전문점 '잼잼칩스'를 오픈했어요. 인테리어 공사 비용을 최소화하기 위해 인테리어 현장에서 무보수 파트타임으로 일을 배워 셀프 시공을 했습니다.

Q 상권을 먼저 정하고 아이템을 선정하셨다고요? 접근법이 신선합니다.

A 상권을 분석하고 정해진 예산에 맞는 가게를 정하고 난 후 주변을 둘러보면서 이 동네에서 필요한 메뉴가 무엇일까 역발상했습니다. 동네 상권에서는 내가 하고

싶은 장사보다 손님들이 원하는 장사가 효과적이라 생각했기 때문이죠.

첫 창업 아이템인 감자튀김도 이 같은 방법으로 도출했습니다. 가게 주변을 둘러보며 분석하니, 동네 아이들이 하교 후 갈 곳이 없어 편의점 앞에 모여 있는 모습이 항상 보였어요. 그 아이들이 오는 곳으로 만들면 되겠다는 생각에 아이템 후보 중 하나인 감자튀김으로 결정했지요. 어머니가 감자 농사를 하고 계셨기에 '감자'라는 키워드와 연관지어 '감자 농사짓는 어머니의 아들이 튀겨주는 미국식 감자튀김'으로 스토리텔링했어요.

낮에는 아이들이, 저녁과 주말에는 2030의 젊은 세대가 올 수 있는 가게를 만들자는 취지에서 '재미있는 동네, 재미있는 골목'의 앞 글자를 따서 '잼잼칩스'로 상호를 정했습니다. 그렇게 장사를 시작했고 저의 맨 파워를 최대한 끌어올린 재미있는 이벤트가 입소문나면서 많은 사랑을 받았습니다. 신문 기사나 방송 출연 기회도 자연스럽게 따라오더군요.

여섯 번 망한 위치에 차린
가성비 & 시성비 갑 돼지김치구이 전문점

Q 끄트머리집은 어떻게 시작했나요?

A 감자튀김 전문점을 해봤으니 이번에는 새로운 아이템에 도전해보고자 첫 창업 때와 마찬가지로 열심히 상권을 보러 다녔습니다. 이때도 '빚 없이 창업' 원칙은 같았습니다.

한양대 근처 골목 끄트머리에서 예산에 맞는 가게를 찾았는데 4년 동안 여섯 번 망한 장소라고 모두가 말리는 위치였습니다. 이미 잼잼칩스에서 열악한 입지 조건을 극복했던 경험이 있기에 끄트머리집을 계약했어요. 그리고 저의 대학 시절을 떠올

리며 이 골목 상권이 원하는 아이템이 무엇일까 고민했습니다. 학교 앞 자취생이 혼자서도 부담 없이 갈 수 있는 1인분만 판매하는 고깃집은 없을까? 집밥처럼 건강하고 청결한 대학가 식당은 없을까? 엄마가 해주는 음식 같은 메뉴는 없을까? 이런 고민 끝에 어머니가 프라이팬에 구워주시던 고기와 김치구이에서 영감을 받아 아이템을 '돼지김치구이' 단일 품목으로 정했고, 메뉴 개발에도 어머니가 참여해주셨습니다.

돼지김치구이에서 다메뉴로 확장하지 않고 단일 품목으로 구성한 이유는 시스템에 적용하기 쉽기 때문입니다. 요리를 못하는 초보자도 같은 일을 계속 반복하면 금세 숙련자가 되죠. 제가 하고 싶은 것은 요리사가 아니라 장사이고 사업이기에 효율적인 시스템 구축이 제가 만드는 브랜드의 최우선 조건이 됩니다.

Q 끄트머리집의 '싸가지 없는 음식점'이라는 콘셉트가 아주 독특합니다. 어떤 콘셉트인지 설명해주세요.

A 대학가에 있으니 언어적 위트를 살려 콘셉트를 표현해봤어요. 저희 가게는 싸가

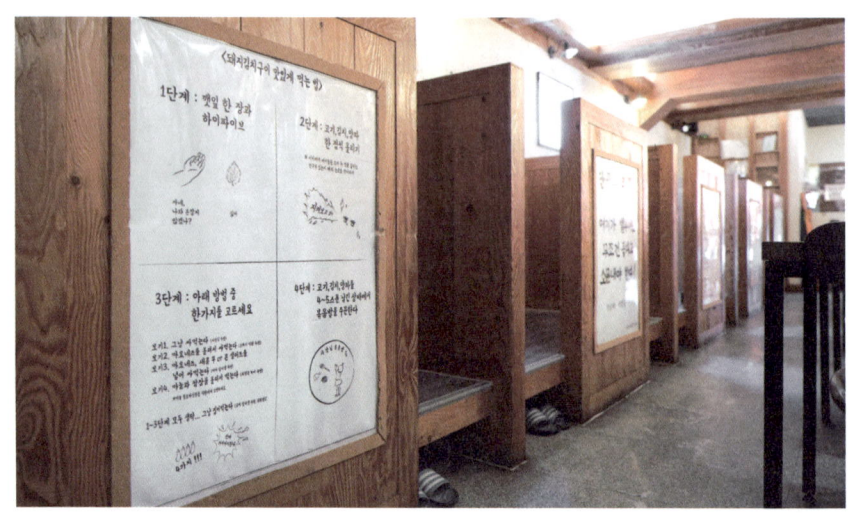

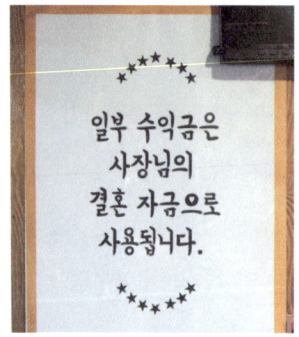

지(네 가지)가 없어요. 고기를 직접 구울 필요가 없고, 옷에 냄새 배일 염려가 없고, 가격 부담이 없고, 고기 굽는 데 오래 기다릴 필요가 없습니다. 주 고객인 1인 가구의 대학생과 젊은 직장인의 니즈를 분석해 가성비, 가심비 그리고 시성비까지 고려했습니다.

직접 고기 굽기를 선호하지 않는 MZ세대에 맞춰 주방에서 돼지김치구이를 완성해서 제공하며, 환풍 시설과 주방에서 구워 나가는 시스템 덕분에 옷에 고기 굽는 냄새가 배지 않아요. 그리고 학생들의 지갑 사정을 고려해 가격 부담을 낮춰 가성비를 강조했지요. 점심 특선 메뉴인 고기김치볶음밥은 달걀프라이까지 올려서 4800원으로 책정했습니다. 일반 고기구잇집은 고기가 다 구워질 때까지 배고픔을 참고 기다려야 하지만 저희는 숙련된 직원이 주방에서 센불로 구워 5~7분 이내에 메뉴가 완성되어 테이블로 나갑니다. 빠르게 음식이 제공되니 고기구이 메뉴여도 짧은 점심시간에 많은 분이 찾습니다.

조리 시간 단축은 원가 효율성과 연결된다

Q 조리 시간 단축도 원가절감이라고 하셨는데, 조리 시간 단축을 위해 주방에서 더 신경 쓰는 부분이 있나요?

A 어떻게 하면 조리 시간을 1분이라도 더 단축할 수 있을까 고민을 많이 했어요. 조리 시간 단축과 원가절감은 상관관계에 있어요. 분 단위로 환산해서 수치화하면 원가 효율성이 더 극명하게 보이죠.

우선, 화구를 듀얼 시스템으로 운영합니다. 처음에는 화구가 붙어 있어야 한다고 생각했는데, 한 개의 화구에서 두 명이 조리하니 서로 부딪히고 조리 도구를 찾는 일이 반복되었습니다. 이런 과정에서 조리 시간이 지체되기에 두 개의 화구를 각각 다른 위치에 설치했어요. 바쁜 시간에는 두 개 화구를 모두 사용하며 효율성을 높였습니다.

고객이 몰리는 피크 타임에는 설거지하는 시간도 아깝습니다. 요리하다 설거지를 하면 그 시간만큼 조리 시간이 더 걸리게 돼요. 그래서 그릇과 웍의 수량을 두 배로 구비해두었습니다. 추가 비용이라고 생각하지 않고 조리 시간 단축으로 테이블 회전율을 높이면 금방 채워질 비용이라고 생각했어요.

저희 주방에서 가장 많이 사용하는 웍은 한 번 요리하면 싱크대에서 씻고 다시 쓰는데, 웍 하나를 설거지하는 데 평균 2분 정도 걸립니다. 웍을 10개 사면 설거지 시간 20분이 줄어들고, 시간당 20분만 줄인다고 보면, 가게 영업시간이 총 10시간이니 하루에 200분, 즉 3시간 20분이 단축되는 거예요. 단축된 시간을 비용으로 환산하면 웍 구입 원가보다 훨씬 효율적입니다. 여기에 음식이 빨리 나왔을 때 손님의 만족도는 그 이상의 가치를 제공하고요.

많은 사장님이 식재료 원가절감에는 신경을 쓰지만 조리 시간이 원가라는 생각은 잘 안 하시더라고요. 식재료는 원가를 줄여놓아도 가격 변동성이 있지만, 조리 시간은 한 번 줄이면 계속 이어갈 수 있어요. 하루에 10분만 줄여도 한 달이면 300분, 1년이면 3650분이니 엄청난 시간이 줄어들게 되죠.

Q 시성비를 고려해 빠르게 제공하는 장점도 있지만, 이를 고수하기 위해 발생하는 단점도 있을 것 같아요. 직원의 피로도나 주방 위생 관리 등은 어떤 방법으로 컨트롤하세요?

A 직원의 피로도를 낮춰보려고 직원 동선의 발걸음을 데이터로 만들어 분석했어요. 주문하고 접수하러 포스까지 가는 발걸음 수, 냉장고를 열고 재료를 꺼내는 시간, 냉장고에서 조리대로 가는 발걸음 수 등을 모두 카운팅해서 데이터로 만들고 한 걸음이라도 더 줄이려는 노력을 했습니다. 냉장고를 열고 재료를 꺼내는 과정도 한 번에 될 수 있도록 재료와 소스의 위치도 재배치했어요. 직원의 동선을 최소화할 수 있도록 디테일한 시스템을 구축하니 직원을 교육할 때도 유리하고 직원이 시스템을 배우기에도 용이합니다. 당연히 발걸음이 줄어드니 직원 피로도도 감소하고요.

위생 부분은 제가 늘 강조하는데요, 빠르게 조리하다 보면 자칫 위생 상태에 소홀해질 수도 있기에 오픈 주방으로 구성해놓았습니다. 고객에게 청결 상태를 보여주는 효과도 있지만 저와 직원들이 아무리 바빠도 타협할 수 없는 환경을 만들어놓기 위한 것이기도 하죠.

골목 상권 맞춤, 지역 주민을 끌어들이는 스킨십 마케팅

Q 골목 상권에 맞춰 홍보 전략도 다르게 접근하셨네요. 가게를 계약한 날부터 홍보를 시작한다고요?

A 보통 개업을 하면서부터 홍보와 마케팅을 시작하는데 저는 가게 계약과 동시에 합니다. 가게 앞에서 지나가는 분들께 인사를 건네면서 가게 오픈 예정임을 알리죠. 모르는 사람이 인사를 하니 무반응에 회피도 하지만, 세 번 정도 인사를 하면 대부분 반응을 보이면서 어떤 가게인지, 언제 오픈하는지 물어보기도 하죠. 대학생들에게는 시험 잘 보라고 파이팅도 외쳐주고, 동네 꼬마들에게는 가위바위보를 해서 이기면 쿠폰도 나눠줬어요. 전단지는 버릴 가능성이 높기 때문에 재미 요소를 더해 쿠폰으로 홍보했어요. 이렇게 예비 고객인 동네 주민들에게 기대감을 고조시키면서 사전 홍보를 진행했습니다.

Q 마케팅 일환으로 아이들 숙제 검사에, 선비 복장까지 하셨다고요? 재미 요소가 있는 화제성 마케팅을 잘하시는 것 같아요.

A 동네 골목 상권 특성상 온라인보다는 지속적인 오프라인으로 스킨십 마케팅에 주력해 고객을 유치합니다. 이 또한 그 동네 상권에 맞는 창의적인 방법으로 접근하죠. 잼잼칩스의 경우 아이들 숙제 검사가 마케팅의 촉매제가 되기도 했습니다. 가게 앞에 있는 초등학생들을 보니 어린 시절 아버지가 매일 숙제 검사하시던 기억이 떠올라, 날도 더운데 밖에 있지 말고 시원하게 안에서 숙제하라고 했어요. 그리고 다 하면 감자튀김을 무료 업그레이드해준다고 하니 아이들이 열심히 하더군요. 어차피 낮 시간에는 손님이 없어 아이들 숙제 봐주는 일이 어렵지 않았어요. 그러니까 얼마 뒤에 스스로 숙제를 하는 아이들이 신기하다고 학부모님들이 매장에 찾아왔어요.

상황을 말씀드렸더니 고맙다면서 학부모 회의 간식으로, 체육대회 단체 간식으로 자주 이용해주셨지요. 그 후 동네 사랑방이 되고 매출이 크게 올랐습니다.

끄트머리집의 경우에는 오픈 홍보용 물티슈를 그냥 배포하지 않고, 이슈를 만들어 사람들 사이에 이야기가 퍼지도록 전략을 세웠습니다. 그래서 선택한 방법은 아주 파격적이었죠. 한양대 근처이니 한양에 올라온 선비 복장을 하고 돼지 모양의 풍선을 끌고 다니면서 물티슈를 나눠주었습니다. 가게 입구에도 같은 돼지 풍선을 배치해놓았고요. 누구라도 쳐다보지 않을 수 없도록 선비 복장으로 이목을 집중시키고 돼지 풍선으로 돼지고깃집이라는 점을 인식시키려 한 거죠. 그 효과는 기대 이상으로 성공적이었습니다. 이 외에도 연인을 위한 무료 꽃 나눔 행사, 학사 경고 받은 학생 대상 맥주 무료 서비스 등 다양한 이벤트를 진행해왔습니다.

Q 이토록 창의적인 마케팅 아이디어는 어떻게 얻나요?

A 마케팅 아이디어가 고갈될 때는 고민에 '괄호( )'를 넣어 다른 사고로 접근해봅니다. 고민하고 있는 내용을 문장으로 적고 변화를 주고 싶은 부분에 괄호를 만든 다음 사전을 보면서 괄호 안에 여러 단어를 바꿔 넣다 보면 아이디어가 떠올라요. 예를 들어 볼게요. '끄트머리에 있어서 망한다'에서 '(망한다)'를 괄호로 만들고 다른 단어로 바꿔봅니다. '성공한다'로 바꾸면 성공하기 위한 전략을 문장으로 만들어 또 '괄호 넣기'를 한 다음 해결책을 도출해내죠. 평상시에도 이런 트레이닝을 계속하는 편입니다.

가게에 있는 문구 중 "일부 수익금은 사장님의 결혼 자금으로 사용됩니다"가 있어요. '일부 수익금은 어려운 이웃을 위해 사용된다'는 문구에서 '(어려운 이웃)'에 괄호를 만들고 저와 연관된 단어를 넣어보다가 나온 표현인데, 재미있다며 사진도 많이 찍고 고객들 반응이 좋습니다.

긍정의 마인드로 어려움을 바라보자

Q 어려운 상황을 긍정적인 마인드로 해결하려고 노력하시는 것 같아요. 그렇기 때문에 위기를 기회로 만들 수 있는 거겠죠?

A '긍정의 마인드로 어려움을 바라보자'가 인생 모토입니다. 인생에서 슬픔과 어려움이 있을 때, 부정적인 생각보다는 긍정적인 생각이 다시 일어날 힘을 준다는 사실을 믿고 있습니다. 사업을 하면서도 '장사가 왜 안 되지' 하고 한탄하기보단 '손님이 없어서 시간이 남네. 손님을 위해 무엇을 하면 좋을까?' 하고 긍정적인 생각으로 해법을 찾으려고 합니다. 긍정의 생각은 큰 힘을 가지고 있죠.

코로나19로 매출의 80%가 줄어든 힘겹던 어느 날, 마스크 품귀 현상을 접하면서 젊은 친구들도 구하기 힘든 마스크를 온라인 쇼핑 못하는 어르신들은 아예 살 수가 없겠다는 생각에 안타까워어요. 그리고 도울 수 있는 방법을 고민했죠. 남는 마스크를 기부해주시는 분들에게 우리 가게 음식을 제공하고 기부받은 마스크는 독거 노인과 저소득층에 나눠주기로 하고 바로 실행했어요. 처음에는 참여가 저조했지만 점점 기부의 발길이 늘어나고, 음식값을 지불하는 고객도 있었습니다. TV 뉴스 프로그램에 우리 가게가 소개되면서 함께 동참의 뜻을 보여준 다른 가게도 있었고, 응원과 격려를 담은 시민분들의 연락도 많이 받았습니다. 그 따뜻함에 힘을 얻어 코로나19 시기에도 잘 버틸 수 있었지요.

코로나19 위기를 기회로 만든 또 다른 사례가 있어요. 틈나는 대로 사업 관련 교육을 많이 듣는데요, 배민아카데미에서 드립 커피를 배운 적이 있었어요. 코로나 2.5단계일 때, 배워놓은 커피 기술을 활용해 '2.5단계 세트'를 기획하고 음식과 드립 커피를 세트 메뉴로 구성했습니다. 고객이 원하는 것을 생각하고 한 명이라도 더 오도록 만들어야 했죠. 카페에서 커피를 마실 수 없는 당시 상황에서 1000원을 추가하면 식사와 커피 모두 해결되니 반응이 아주 좋았습니다.

Q 인생의 목표를 적은 버킷 리스트가 외식업의 길로 이끌었죠. 현재 달성하려고 노력하는 목표는 무엇인가요?

A 20대 초반에 작성한 인생 목표 리스트를 달성하기 위해 외식업을 시작하고 여기까지 왔습니다. 원대한 꿈도 좋지만 우선 쉽게 이룰 수 있는 작은 목표들을 계속 이루면서 하나씩 지우며 실현하고 있습니다. 대부분 목표 리스트를 작성하고 나서 컴퓨터나 휴대폰 안에 저장해놓는데요, 항상 보이는 곳에 놓는 것이 중요한 것 같아요. 저는 목표 리스트를 책상 앞, 화장실 벽면, 세면대 거울, 지갑 등 일상의 보이는 곳곳에 놓고 계속 상기하면서 마인드 컨트롤을 해요. 신기하게 대부분 다 이뤄지더군요. 지금은 베트남 진출이 목표인데요, 현지 시장 상황을 분석하며 베트남어 공부를 계속하고 있습니다.

Q <나는, 빚내지 않고 3천만 원으로 장사를 시작했습니다> 책의 저자로서, 소자본 창업을 한 사장님들를 위한 현실적인 조언을 해주세요.

A 모든 사업이 그렇지만, 소자본 사업장의 경우 사장님의 마인드가 매우 중요합니다. 창업을 준비하는 예비 사장님이라면 외식업이 본인과 맞는지 선경험이 필요해요. 창업하고자 하는 아이템의 업장에서 일을 경험해봐야 합니다. 단순히 내 가게를 차리고 싶다는 생각만으로 도전했다가 생각지 못한 어려움에 부딪혀 소중한 자산과 시간을 허비할 수 있습니다. 그리고 앞서 말씀드렸듯이, 상권을 많이 보며 안목을 키우고 가능하다면 정해진 예산 안에서 빚 없이 창업하셔야 합니다.

운영에 어려움이 있는 현업 사장님들은 공부와 개선을 위한 실천이 필요합니다. 안 된다고 가만히 한숨만 쉬고 있으면 추가 매출도, 경영 개선도 저절로 되지 않습니다. 외식 사업 전반을 다루는 다양한 프로그램이 유료, 무료 강좌로 많이 있습니다. 사장님 스스로 개선을 위해 공부하고, 노력하고, 반드시 실천해야 매출이 달라지고 매장에 변화가 일어납니다. ●

❹ 가게 운영 매뉴얼

자신감 있게 시작한 창업. 처음부터 큰 규모로 시작할 수 있는 사장님은 많지 않을 겁니다. 소규모 창업의 경우 비싼 인건비를 사장님 본인의 노력으로 상쇄하는 것이 일반적입니다. 하지만 특정 상권에서 가게가 자리를 잡더라도 유입 가능한 고객의 최대치가 있기에 매출의 한계점은 옵니다. 가게를 다점포로 확장하거나 신규 브랜드를 론칭하고도 싶지만 휴일도 밤낮도 없는 노동에 지쳐 도무지 여유가 생기지 않죠. 직원을 고용해 열심히 교육해서 매장을 맡겨보고도 싶지만 사장이 없을 때 영업에 소홀하지 않을까, 단골 고객들에게 실망을 주지 않을까 걱정이 됩니다. "사장이 매장을 지키지 않아서 변했어"라면서요. 그럼에도 브랜드와 스스로의 성장을 위해 구성원을 늘려야 하는 시기는 반드시 찾아옵니다. 가게를 회사로 키우는 성장기의 넥스트 스텝, 최소한의 직원으로 효율적인 운영이 가능한 오토 매장은 어떻게 만들 수 있을까요?

마이보틀
정준희 사장님

사장 없는 오토 매장이 가능할까?

작은 매장도 대기업처럼! 사장 없이 잘되는 오토 가게

사장이 상주하지 않는 오토 매장의 리스크를 줄이려면 어떻게 해야 할까요? 핵심은 신뢰할 수 있는 직원과 시스템입니다. 경기도 분당의 테이크아웃 카페 브랜드 '마이보틀'은 직원이 안정감을 느낄 수 있는 근무 환경을 제1원칙으로 합니다. 매일 다른 이슈가 발생하는 매장에서 직원의 스트레스를 최소화하기 위한 장치이죠. 그리고 작은 가게지만 대기업처럼 브랜딩되어야만 사장이 없더라도 직원이 일관된 서비스를 제공하고, 고객은 안정감을 느끼며 기꺼이 상품을 소비한다고 강조합니다.

나 홀로 매장에서
사장 없는 오토 매장으로

Q 정준희 사장님과 운영하는 브랜드를 소개해주세요

A 경기도 분당에서 배달 & 테이크아웃 카페 마이보틀과 마이보틀 컴퍼니 법인을 운영하는 정준희입니다. 2018년 시작한 마이보틀은 5평의 작은 규모지만 브랜드 파워는 작지 않습니다. 분당에서 재주문율이 가장 높은 카페로 외식 배달 플랫폼 3사의 분당 지역 맛집 랭킹 1위, 네이버 예약 주문 수 1위를 기록하고 있어요. 또한 국내 유명 맛집 가이드북 <블루리본 서베이>에 2020년부터 5년 연속 선정되어 다섯 번째 리본을 받고 전국 맛집 인증을 받았습니다. 마이보틀 브랜드 성장의 일등 공신은 시그니처 메뉴인 '바닐라떼 트와일라잇'으로 출시 이후 지금까지 15만 개 이상 판매되었으며, 여름 시즌에는 빙수 일일 판매량이 50~100개에 달해 분당에서 빙수

를 가장 많이 배달하는 카페 중 한 곳이라 자부할 수 있습니다.

배달과 테이크아웃 주력의 작은 카페이지만, 위생과 청결에 가장 많이 신경을 써서 식약처 위생 등급 평가 만점으로 '매우 우수' 현판을 받았고, 분당구청 선정 우수 매장으로 인증을 받았습니다.

Q 지금은 지역에서 인지도 높은 브랜드로 성장했지만, 일일 매출이 1만 3000원일 정도로 운영이 정말 어려운 시기도 있었다고요. 어떻게 돌파구를 찾았나요?

A 커피를 좋아해서 자신만만하게 카페를 시작했지만, 카페라는 밖으로 나갈 수 없는 공간을 만들어 스스로에게 벌을 주는 것처럼 초반에는 힘들었어요. 마이보틀을 처음 오픈할 때는 지금과는 비즈니스 모델이 달랐습니다. 테이크아웃 전문 매장이 아닌 홀 위주의 카페였지요. 오픈 첫 한두 달은 매출이 좋았습니다. 포스기에 찍히는 매출 숫자가 신기하기도 했고 왜 진작 카페를 하지 않았나 하는 생각이 들 정도였어요. 하지만 초심자의 행운은 거기까지였습니다. 소위 '오픈발'이 떨어지자 손님이 급격히 줄어들었고 초라한 매출에 당황하기 시작했죠. 그리고 바로 코로나19까지 덮쳐 사람조차 볼 수가 없게 되었습니다. 힘든 날의 연속이던 어느 날, 일일 매출 1만 3000원을 마주하니 정신이 번쩍 들더군요. 이대로 넋 놓고 있으면 안 되겠다는 생각이 들었습니다. 새로운 방법을 찾아야 했어요. 먼저 배달의민족에 배달업체 등록을 했습니다. 커피를 사랑하는 사람으로서 딜리버리 커피는 하지 않겠다는 나름의 철학이 있었지만, 처참한 매출 앞에서는 방법이 없었어요.

대신 어떻게 하면 맛을 최대한 유지할 수 있을까를 고민했습니다. 당시에는 음료를 캔에 담는 패키지가 유행이었어요. 하지만 캔 기계에 투자할 비용이 없어 대안으로 발품 팔아 찾아낸 보틀 패키지에 음료를 담아 배달을 시작했습니다. 음료를 병에 담아 전달하는 마이보틀의 브랜드 콘셉트는 이때 배달 영업을 시작하면서 만들어졌어요. 그리고 비록 경쟁 업체보다 배달 서비스 시작은 늦었으나 홀 매장 영업을 고

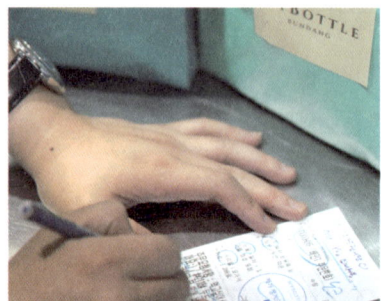

집했다면 볼 수 없었을 새로운 가능성을 발견하게 됐습니다. 배달 커피에서 고객들이 필요로 하는 시장의 니즈를 빠르게 캐치해 바로 적용해 치고 나갈 수 있었고요. 배달 판매에 집중하면서 매출이 상승했고 빠른 전환을 통해 코로나19 시기에 오히려 더 성장할 수 있었습니다.

Q 1인 매장에서 오토 매장으로 시스템을 바꾼 계기가 있었나요?

A 마이보틀의 시작은 1인 근무 매장이었어요. 제가 혼자 메뉴를 만들고, 사진 찍어서 인스타그램 피드를 올리고, 매장 관리와 배달 앱 세팅까지 모든 업무를 혼자 다 했어요. 카페 업종처럼 객단가가 높지 않은 매장은 인건비 지출 없이 혼자 근무하는 체제가 가장 효율적인 시스템이라고 생각하던 시기였죠. 장사를 처음 하기에 매출 올리는 방법을 몰라서 무작정 운영 시간을 늘리고 24시간 오픈할 때도 있었어요.

간이 침대를 놓고 매장에서 숙식을 해결하면서 배달 대행이 끝나는 자정 이후는 직접 배달을 하고, 3~4시간 쪽잠을 잔 후 다음 날 다시 영업 준비를 했지요. 순 노동 시간만 20시간이 넘었어요. 그렇게 1년 넘게 일하니 건강에 문제가 생기더라고요. 피로 누적과 영양 부족으로 멀쩡하던 치아가 갑자기 바스라지는 거예요. 병원에서는 입원을 권유했습니다. 제가 일을 할 수 없게 되니 그 기간 동안 매장을 닫을 수밖에 없었어요. 병원에 누워 생각해보니 운영 방법을 바꿔야만 사업을 더 길게 지속할 수 있겠더군요. 저를 대신할 직원부터 채용하기로 했습니다. 그게 오토 매장을 만들게 된 시작이었어요. 바로 채용 공고를 올렸고 그렇게 인연을 맺은 마이보틀의 1호 직원은 지금까지 함께하고 있습니다.

직원 스트레스 최소화를 우선으로, 안정적인 근무 환경 조성을 위한 시스템 구축

Q 오토 매장으로 바꾸면서 중점적으로 고민한 부분은 무엇인가요?

A 오토 매장에서 직원의 역할은 매우 중요합니다. 회사와 잘 맞는 직원이 안정적으로 근무할 수 있도록, 먼저 담당한 업무 외의 스트레스를 최소화하는 시스템에 주력했습니다.

외식업은 매일 크고 작은 사건의 연속으로 새로운 이슈가 발생합니다. 고객의 컴플레인 같은 이슈가 발생하면 직원들에게는 급히 해결해야 할 스트레스가 되죠. 따라서 직원이 이를 쉽게 처리할 수 있도록 매장에서 일어날 수 있는 모든 상황을 가정하고 대응 방법과 처리 과정을 철저히 매뉴얼화했습니다. 저희 매뉴얼에서 마무리는 사장이 처리하게 되어 있어요. 매뉴얼대로 수행해서 해결이 안 되는 일은 고민하지 말고 사장을 해결사로 부르라는 의미인 거죠.

레시피도 단순하게 매뉴얼 작업을 했습니다. 150개가 넘는 메뉴도 30개 정도로 과감하게 정리했고요. 모든 스태프가 동일한 퀄리티로 표준화된 메뉴를 만들려면 시스템화되지 않는 메뉴는 덜어내야만 했어요. 레시피와 조리 방법은 간단하게 하고, 메뉴의 재료와 퀄리티에는 더 많은 투자를 하고 있습니다.

Q 안정적인 근무 환경을 위해, 갑자기 발생하는 이슈에 고민하지 않을 정도로 세심한 매뉴얼 시스템을 만들었네요. 어떤 매뉴얼까지 있는지 궁금합니다.

A 먼저 프랜차이즈 브랜드의 매뉴얼을 벤치마킹해서 큰 틀을 만들고 저희 매장에 맞춰서 세부 사항을 추가했습니다. 예를 들면 고객이 아닌 방문객 응대 매뉴얼이 있는데요, 상가 관리인·택배 기사님·관공서 담당자분·방문판매원 등이 방문했을 때 대상에 따른 응대 방법을 세부적으로 문서화했습니다. 대상에 따라 각각 "먼저 신분증과 방문 목적을 확인한 뒤 대표에게 연락을 취한다" 같은 식이지요. 매장에 일어날 수 있는 다양한 변수에 직원들이 고민하지 않고 처리할 수 있도록 했습니다. 저희 매장은 영수증에 항상 손 글씨를 써서 고객에게 전달하는 서비스를 하는데, 손 글씨 작성 시 직원들이 부담 갖지 않도록 참고할 문구 리스트를 시간대별로 정리해 두었습니다. 직원들의 부담도 덜고 고객들은 시기적절한 메시지에 작은 힘을 얻어 저희 브랜드에 대한 긍정적인 기억을 갖게 됩니다. 업무 사이에 공백이 생길 때 할 수 있는 일도 시간대별로 타임 테이블을 만들고, 직원의 성향에 따라 자율적으로 활용할 수 있도록 했습니다. 직원마다 역량과 성향이 다르기 때문에 명확하고 세부적인 매뉴얼은 반드시 필요합니다. 활용 방식은 각자 다르더라도 말이죠.

Q 오토 시스템이 안정화되기까지 시간과 노력이 필요하겠죠. 마이보틀의 오토화 과정은 어떠했나요?

A 오토 매장을 하기 전 많은 사장님이 공통적으로 하는 걱정이 있습니다. 직원만

매장에 있으면 퀄리티가 그대로 유지될까, 고객 만족도가 낮아져 브랜드 가치가 손상되지 않을까, 인건비가 추가 발생하는데 수익이 받쳐주지 못하면 어떡할까 등 생각이 많아집니다. 저 같은 경우는 건강상의 이유로 오토 매장 전환이 불가피한 상황이었죠. 하지만 인건비가 아까워 1인 매장을 계속 강행했다면 가게를 닫아야 하는 더 큰 손실을 가져왔을 거예요. 저 또한 인건비 지출과 수익률 하락에 대한 걱정은 당연히 있었지만 마인드 세팅을 하며 고민을 다스렸습니다.

장기적인 관점으로 비즈니스 모델을 설정하는 것부터가 시작입니다. 3개월 정도는 수익보다 목표가 우선이고 매장에 나가는 대신 사장만이 할 수 있는 다른 일을 하자는 생각으로 버텼습니다. 직원에게 완전히 위탁하지 못하고 사장이 매장 업무에 개입하면 할수록 오토화는 멀어질 수밖에 없어요. 사업을 거시적 관점에서 바라보며 직원에게 매뉴얼을 교육하고, 안정감 있는 근무 환경을 만들고, 직원을 적재적소에 배치하니 오히려 매장 퀄리티는 더 좋아졌습니다.

외식 사업은 음식 만드는 일도 중요하지만 교육업과 일맥상통하는 부분도 큽니다. 직원이 조금 잘하는 부분은 더 잘하게 끌어올리고, 부족한 부분은 채울 수 있도록 교육하는 것이 이 일이 지닌 또 하나의 본질이라는 생각이 들어요. 교육에 집중했을 때 직원의 능력치를 끌어올릴 수 있기 때문이죠.

매장의 오토화를 구상하고 있다면 사장님이 먼저 근무하며 경험을 축적한 후 직원을 채용하는 것이 바람직합니다. 경험치가 충분해야 직원을 교육할 수 있으며, 발생할 수 있는 다양한 문제에 대처할 수 있습니다. 직원을 채용할 때는 스킬보다는 자세와 인품, 매장과 결이 맞는지를 먼저 확인하는 게 좋습니다. 사람마다 본인의 능력치를 최대한 발휘할 수 있는 무대가 다르니까요. 그렇게 안정화되면 매장 운영 상황에 따라 점차적으로 직원을 늘려나가는 것이 좋습니다.

Q 직원을 부르는 호칭이나 보고 시스템이 마치 트렌디한 IT 회사 같아요. 기업의 커뮤니케이션 방법을 적용한 이유는 무엇인가요?

A 저희는 직원들 간에 서로 직책에 맞는 호칭과 존댓말로 의사소통하고 있어요. 저보다 스무 살 어린 팀장님에게도 무조건 존칭을 사용하죠. 호칭이 무너지면 자칫 선을 넘기 쉽습니다. 서로 간의 존중이 밑바탕되어야 건강한 조직 문화의 기틀이 마련된다고 생각합니다.

그리고 기업처럼 공유 및 보고 시스템을 정착시켰는데요, 초기부터 지금까지 직원 규모에 따라 단계별로 변화를 주고 있습니다. 처음에는 직원 교대 시간에 특이 사항을 체크하며 구두로 짧은 회의 시간을 가졌어요. 그러나 구두 보고 시스템의 한계가 있어 수기 작업을 했습니다. 데이터화되지 않으니 자꾸 반복되는 문제들도 있었고요. 진행한 업무, 특이 사항, 필요 물품 리스트, 고객 컴플레인 등을 표로 만들어 작성하고 회의를 진행했어요. 업무 관련 종이가 쌓이자 다음 단계로 디지털 협업 툴을 도입했습니다. 현재는 '노션(Notion)' 워크스페이스로 직원들과 공유 사항을 함께 체크하는데, 장소와 시간 제한 없이 어디서든 모바일로 확인 가능해 업무 효율성이 크게 향상되었습니다. 신규 사업 준비로 조직이 더 커지고 있는 현재 단계에서는 직원들과의 커뮤니케이션을 보다 쉽게 관리할 수 있는 공동 업무 작업 시스템인 '슬랙(slack)' 도입을 검토하고 있습니다.

이러한 시스템의 도입은 앞서 말씀드린 직원 스트레스 관리의 일환이기도 합니다. 보통 업무 공유 툴로 모바일 톡을 많이 사용하시죠. 실제로 많은 기업에서 그로 인한 업무 스트레스가 높아 '퇴근 후 업무 톡 금지법'도 발의되었다고 들었습니다. 직원들이 편해서 쓰는 게 아니라 사장님이 지시하고 보고 듣기가 편해서 쓰는 경우가 대부분일 겁니다. 상대방의 상황을 배려하지 않는 일방적인 소통이라고 봅니다. 우선 저희 회사는 업무 단톡 방이 없습니다. 개인적인 톡을 업무의 연장으로 연결시키지 않으려고 하죠. 대신 노션으로 직원들과 실시간 협업하고 업무 시간 외 추가 업무는 당연히 없습니다. 작은 카페이지만, 직원들이 회사에 다니는 자긍심을 갖도록 대기업의 문화를 정착시키고 있습니다.

직원의 실수는 사장님의 실수, 인사이드 브랜딩으로 직원 케어

Q 직원이 실수했을 때 마이보틀만의 해결 방법이 있다고요?

A 매뉴얼이 있어도 직원이 실수를 할 수 있습니다. 그럴 때 직원의 실수에 화를 내기보다 빨리 해결해야 할 이슈로 생각해야 합니다. 만약 직원이 반복해서 실수를 한다면, 문제의 원인이 된 회사의 시스템을 점검해야 합니다.

또한 업무와 관련한 모든 일을 직원에게 맡기지만, 위탁하지 않는 단 한 가지가 바로 고객 컴플레인입니다. 계속 들어오는 주문량을 처리하면서 직원이 컴플레인에

대응하려면 스트레스가 되죠. 제가 컴플레인을 처리하는 동안 직원은 원래 하던 일에 집중할 수 있습니다. 직원의 실수로 고객 컴플레인이 들어오는 경우 절대 직원 핑계를 대지 않습니다. 고객에게는 저의 실수라고 인정하고 바로 해결하려고 하지요. 고객 입장에서는 직원이 아닌 대표가 직접 사과하고 해결하니 문제 해결의 속도와 경로가 줄어들어 불만감을 최대한 낮출 수 있고, 직원 입장에서는 대신해 사과하고 문제 해결을 한 대표를 든든하게 생각하지 않을까요? 이러한 신뢰는 직원 스스로 재차 실수를 하지 않으려고 더 신경 쓰게 만드는 긍정적인 영향을 준다고 믿습니다. 고객 응대만큼 중요한 일이 직원 케어라고 생각합니다. 다시 강조하지만, 안정감 있게 일할 수 있는 근무 환경이 퇴사자 없이 정예 멤버와 계속 같이 갈 수 있는 방법입니다.

Q 직원들이 안정적으로 오래 일할 수 있는 회사가 되길 바라시죠. 그런데 한편으로는 언제든 떠나라고 한다고요?

A 배달의민족 사무실에 있는 "평생 직장은 없다, 최고가 되어 떠나라"라는 문구에서 인사이트를 얻어 마이보틀에 적용했습니다. "분당에서 가장 일을 잘하는 여러분은 미래의 카페 대표님입니다. 여기서 준비하여 최고의 카페 대표님이 되어 떠나세요"라고 비전을 만들어 매장 벽에 붙여놓았어요. 그리고 저의 마인드도 바뀌었습니다. 마이보틀의 스킬과 노하우를 어디까지 직원에게 알려줘야 하나 고민했었는데, 비전을 붙인 이후 제가 알고 있는 모든 것을 알려주기 시작했습니다.
언제든지 카페 사장님이 되어 떠나라고 하지만 직원들은 계속 남아 있습니다. 팀장님 중 한 명은 새로운 브랜드 개발에 투자하며 저희 회사 지분을 가진 주주 겸 이사님이 되었고, 창업을 희망한 실장님은 마이보틀 가맹점 오픈을 계획하며 매장에서 슈퍼바이저 트레이닝을 하고 있어요.

Q 근무 환경의 안정감과 애사심을 부여해주는 '인사이드 브랜딩'을 언급하셨어요. 인사이드 브랜딩은 무엇인가요?

A 작은 가게일수록 메뉴와 매장 운영이 대기업처럼 브랜딩되어야만 사장이 없더라도 고객이 안정감을 느끼고 소비한다고 생각합니다. 브랜딩을 이루는 구성 요소로는 매장의 로고, 스토리텔링, 디자인 등 여러 가지가 있지만, 브랜딩에 대해 공부해보니, 고객이 소비에 안정감을 느끼는 외부 브랜딩과 함께 직원이 근무에 안정감을 느끼는 내부 브랜딩도 중요하다는 것을 깨달았어요. 저는 이것을 '인사이드 브랜딩'이라고 정의 내렸습니다. 인사이드 브랜딩은 직원에게 브랜드와 함께 성장한다는 신뢰와 자부심, 근무에 대한 안정감 그리고 애사심을 불어넣는 역할을 하죠.
그런 의미에서 마이보틀은 첫 출근 시 직원 전용 굿즈로 구성된 웰컴 키트를 입사 선물로 전달합니다. 키트 안에는 기업과 같은 사원증과 명함, 외출복이라도 해도 손

색없을 디자인의 유니폼을 비롯해 텀블러, 머그잔, 메모지, 볼펜, USB 등이 들어 있어요. 굿즈를 제작하는 데 물론 비용이 들어가지만 직원이 가지는 자부심에 비하면 가치를 비교할 수 없지요. 오랜 시간 이런 과정이 축적되면서 직원이 주인의식을 가진 이상적인 오토 매장으로 발전할 수 있었습니다.

배우고 또 배우고, 오토 매장에서 사장님의 역할

Q 사장님 없는 오토 매장에서 사장님의 역할은 무엇인가요?

A 매장의 오토화 작업이 80% 정도 진행되면 매장 밖에서 사장님만이 할 수 있는 일을 해야 합니다. 브랜딩, 마케팅 등 사업 운영에 필요한 교육과 다른 사장님들과의 커뮤니티에 참여하는 일 등이죠.

장사는 종합예술입니다. 사장님은 다방면에서 만능 엔터테이너가 되어야 하죠. 그래서 외식업계에 있는 여러 사장님을 만나 업계 동향과 트렌드를 배우고, 오프라인 강의를 수강하며 부족한 부분을 채웁니다. 제가 배운 내용은 직원들의 실력 향상을 위해 전부 공유하고요. 매장에 있지는 않지만 근무시간 중 제가 어느 강의에 뭘 배우러 가는지, 어떤 모임을 가는지, 어떤 미팅이 있는지 동선도 모두 공개합니다. 이 또한 직원들이 매장에서 근무를 할 때 사장이 어디서 뭘 하고 있는지 알고 있어야 안정감을 가지고 업무에 집중할 수 있기 때문이죠.

Q 외식 사업 관련 교육 수강생에서 강연자로 역할이 바뀌셨어요. 사장님의 노하우를 계속 강의하는 이유가 있나요?

A 외식 사업을 공부하기 위해 다양한 교육 프로그램을 수강했어요. 그중 배민아

카데미는 최다 참석 수강생이 될 정도로 잘 활용했습니다. 브랜딩부터 장사 스킬, 직원 관리, 마인드 컨트롤까지 외식 사업의 모든 영역을 섭렵했죠. 우등 수강생이던 제가 지금은 배민아카데미의 강사로서 현장 경험을 살려 강의를 하고 있습니다. 다른 유료 플랫폼에서도 강의 제안이 들어오지만 현재는 배민아카데미에서만 강의를 하고 있어요. 그 이유는 나 홀로 매장을 운영하며 장사를 그만두고 싶을 정도로 힘든 시기에 배민아카데미를 만났고, 강의를 들으면서 사업이 나가야 할 방향을 알게 되었기 때문이에요. 또 강의를 통해 다른 사장님들과 교류하면서 사업이 성장했기 때문에 제가 받은 것을 보답하기 위해서입니다. 수강생 중에 사업이 절박한 상황에 놓인 분들이 생각보다 많습니다. 제가 겪어봐서 너무 잘 알고 있죠. 공부하면서 사업이 나아진 경험을 다른 사장님들과 공유하면서 힘이 되고 싶습니다.

Q 카페 창업을 계획하는 분들이 정말 많습니다. 조언 한 말씀 부탁드려요.

A '굳이 카페를 창업하려는 사장님들에게'라는 주제로 강의를 하면서 저의 경험을 빗대어 한 이야기가 있어요. "이가 부러질 각오를 하고 창업하라."

카페 창업에 쉽게 도전했다가 실패하고 폐업하는 경우가 너무 많습니다. 성공하기 위해서는 이가 부러질 각오와 노력 그리고 전략이 필요합니다. 창업하기 전 교육 프로그램을 활용해 장사 공부를 하고, 현장에서 직접 일해보는 경험이 필요합니다. 그리고 마인드 세팅이 중요합니다. 장사의 80%는 마인드, 20%는 기술입니다. 장사를 하다 보면 뜻대로 안 되는 일들이 너무 많죠. 체력적으로 힘이 들기도 하고, 매출이 줄어들기도 하고요. 어려움이 생길 때마다 어떻게 해결할까 생각하다 보면 해결점은 항상 '마인드'입니다. 마음먹기에 따라 그 힘든 과정을 극복하고 해결해나갈 수 있습니다. 제가 그랬던 것처럼요. ●

⑤ 손익 관리

세월이 지나도 오래도록 사랑받는 노포가 있습니다. 어린 시절 아버지의 손을 잡고 방문했던 꼬마 손님이 어느새 성인이 되어 자신의 아이 손을 잡고 찾아오기도 합니다. 묵묵히 그 자리에서 변함없는 맛으로 손님을 맞이하는 주인장은 동네의 살아 있는 역사가 됐죠. 맛과 만드는 사람은 그대로인데 시대는 변해만 갑니다. 식당을 유지하기 위해 필요한 모든 부가가치는 점점 올라가고 예전처럼 손맛에 기대어 넉넉하게 내어주자니 남는 것이 없습니다. 하지만 섣불리 변화를 주었다가 전통의 가치가 훼손될까 염려되지요. 변화하는 시대에 맞게 체질 개선을 하지 못한 많은 노포가 맥을 잇지 못하고 역사 속으로 사라져간 사례도 많습니다. 반면 빠르게 변화를 받아들이고 지켜야 할 부분과 시대에 맞게 개선해야 할 부분을 영리하게 판단한 노포는 견고한 자신만의 헤리티지를 확보한 상징적인 공간으로서 한 세대를 넘어 새로운 세대와 발맞춰 호흡하기도 합니다. 장사를 지속 가능하도록 하는 것은 결국 숫자입니다. 현시대에 걸맞은 탄탄한 매뉴얼과 지속성 있는 수익 구조를 갖추는 것은 외식업이 지금처럼 체계화되기 이전에 생긴 모든 노포들의 최우선 과제라 할 수 있죠. 전통과 새로움의 밸런스를 지키는 노포의 체질 개선, 어떻게 하는 것이 좋을까요?

진천청주왕족발
정하욱 사장님

많이 파는데, 왜 남는 게 없을까?

전통과 새로움의 밸런스로 지속 가능한 노포 만들기

세월이 지나도록 한자리를 그대로 지키고 있는 오래된 가게는 누군가의 삶의 현장이자 추억의 장소가 됩니다. 대를 이은 가게와 대를 이은 단골 고객, 서로에게 가치 있는 존재가 되죠. 2대째 운영 중인 충북 진천의 '진천청주왕족발'은 대를 이은 가게의 가치를 잘 이해하고 있습니다. 세대를 걸쳐 지역 주민들의 추억의 공간으로 기억되는 데 큰 가치와 책임감을 느끼고요 그러기에 '먹는 장사는 인심이 좋아야 한다'는 1대 창업자의 장사 철학을 지키면서 트렌드에 맞는 새로운 전략을 더해 오래 지속될 견고한 브랜드로 거듭났습니다.

프리미엄 족발로 진천을 대표하는 '백년가게'가 되다

Q 정하욱 사장님과 가업인 가게에 대해 소개해주세요.

A 충청북도 진천군에서 진천청주왕족발을 2대째 운영 중인 정하욱입니다. 저희 가게는 1991년에 문을 연 34년차의 백년가게입니다. 중소벤처기업부가 공식 인증하는 백년가게는 30년 이상 전통을 이어오면서 오랫동안 고객의 사랑을 받아온 가게를 의미하죠. 2023년에는 중소벤처기업부 장관 표창

을 받으며 전국 백년가게 중 가장 우수한 사례로 인정받았습니다. 방송 출연과 입소문으로 인구 3만 명인 진천읍에 매년 9만 명의 고객이 방문하지요. 진천을 넘어선 전국 맛집으로 성장하고 있습니다.

Q 34년 동안 꾸준한 사랑을 받으며 한자리를 지켜오게 만든 힘은 무엇일까요?

A 족발을 향한 진심 아닐까요? 저희는 족발이 술안주나 야식으로 포지셔닝되는 데 안타까움이 컸습니다. 족발이 귀한 손님에게 대접할 수 있는 한식이 되도록 메뉴 차별화에 집중했고, 족발과 다양한 반찬을 보기 좋게 담아 프리미엄 족발 한 상을 만들었습니다. 족발, 보쌈, 문어숙회 조합의 대표 메뉴가 완성된 것이죠.

족발과 보쌈은 물론 곁들이로 나오는 반찬, 소스까지 모든 메뉴를 직접 만듭니다. 묵은지는 매년 2000포기를 담고, 쌈장은 염도를 낮추기 위해 각종 곡물을 섞어 만들고 있습니다. 인기 사이드 메뉴인 가지튀김은 완벽한 '겉바속촉'을 찾기 위해 8년간 레시피를 연구했지요. 족발 그리고 음식에 대한 진심으로 긴 시간 맥을 이어올 수 있었어요.

그리고 가게를 수십 년 동안 끌고 갈 수 있는 원동력의 중심에는 오랜 세월 함께 가게를 이끌어가는 직원들이 있습니다. 1996년부터 지금까지 가족같이 함께한 실장님과 15년 이상 같은 자리를 지켜준 주방 직원들이 있기에 전통이 그대로 유지될 수 있었습니다.

Q 산업심리학을 전공하고 외식 프랜차이즈 기업에서 커리어를 쌓으셨어요. 일찍부터 부모님 가게를 승계할 계획이 있었나요?

A 부모님 가게를 이어가야겠다는 생각은 학생 때부터 가게 일을 도우면서 자연스럽게 했던 것 같아요. 어렸을 때는 막연히 부모님의 고생을 대신할 생각이었고, 사회생활을 하면서부터는 오래된 가게의 가치를 계승해서 이어가는 것이 무엇보다

중요하다는 생각을 하게 되었죠.

대학에서 산업심리학을 통해 소비자의 심리를 공부하고 광고, 마케팅, 인사, 경영 관련 수업을 들으며 외식업에 필요한 전문 지식을 쌓았어요. 졸업 후엔 외식 프랜차이즈 기업에 입사해 슈퍼바이저로서 가맹점 관리 업무를 했고요. 이제 와서 보니, 산업심리학을 전공하고 외식 프랜차이즈에서 근무한 경력이 모두 부모님 가게에 오기 위한 준비 과정이었던 것 같아요.

업계의 다양한 사람들과 소통하고 많은 정보를 들으니 외식 업종을 보는 눈이 달라졌습니다. 브랜딩의 중요성도 알게 되었고요. 부모님 매장을 객관적 시각에서 분석해보니 강약점이 명확하게 보였습니다. 메뉴의 퀄리티는 충분하지만 브랜딩, 마케팅 등 전략적 파트는 부족했습니다. 그동안 축적한 업무 스킬을 부모님 매장에 적용하며 제 역할을 할 수 있겠다고 느낀 시점이 2020년이었어요. 회사 생활을 정리하고 진천으로 돌아와 진천청주왕족발의 두 번째 도약을 위해 합류했습니다.

2대 사장, 나만이 할 수 있는 무기로
존재 가치를 입증하다

Q 이미 진천의 유명 맛집으로 잘되는 가게였는데, 사장님이 분석한 가게 운영의 문제점은 무엇이었나요?

A 제가 매장에 합류했을 때 부모님의 가게는 이미 진천에서 유명한 집이었습니다. 부모님과 오래된 직원분들이 함께 열심히 일궈낸 성과였죠. 하지만 7~8년간 매출이 정체되어 있었어요. 당시 매출은 우리가 갖춘 인프라에서 낼 수 있는 최고 수준이 아니라고 판단했습니다. 매장 상황을 분석해보니 손익 관리와 온라인 마케팅 등 매출을 더 높일 수 있는 방법들이 보였습니다. 매출은 좋은데 이익은 적은 원가 관리의 문제점을 해결해야 했고요. 진천을 넘어 시장을 확대해 포텐셜을 끌어올려야 했습니다. 외부로 더 알리기 위해 온라인 밀키트 판매도 하고, 온라인 마케팅도 강화했습니다. 다행히도 제가 합류한 지 4년차인 현재 매출은 2배 정도 증가했습니다. 부모님과 오래된 직원분들 모두 한 방향을 보고 움직였기에 가능했던 결과입니다.

Q 2대 사장으로 합류한 후 오래된 직원분들과 팀워크를 유지하는 데 어려움이 있었을 것 같아요.

A 당연히 있었죠. 직원들 대부분 제가 어릴 때부터 계시던 분들이셨어요. 이모, 삼촌 하며 부르던 어린애가 사장으로 왔으니 미덥지 않았을 겁니다. 제가 어떤 의견을 내면 직원들은 물론 심지어 부모님까지 가게 상황을 잘 모르면서 하는 이야기라며 쉽게 들어주지 않았어요.

오래된 직원분들과 부모님을 설득하기 위해서 저의 능력을 먼저 증명해야 했습니다. 실력 없는 낙하산을 좋아할 사람은 없죠. 1대 사장님의 약점을 보완하면서 제가 잘할 수 있는 부분을 보여주고, 직원들에게도 이득이 되도록 만들어야 했습니다. 신뢰감을 주면서 자연스럽게 따라오도록 만드는 것이 가장 이상적인 조직 관리의 모습이죠. 특히, 오래된 직원이 있는 경우 더욱 신중히 판단해야 팀워크가 흔들리지 않습니다.

가게 운영을 조심스럽게 하나하나 효율적으로 변화시키면서 직원의 업무 난도가 낮아지고, 매출은 오르며, 고객 만족도도 높아졌습니다. 그러니 자연스럽게 직원분들이 따라오게 되었고요. 여전히 이 조직에서 저는 사장이기 이전에 막내라는 마음으로 임하고 있어요. 궂은일까지 적극적으로 나서는 자세가 팀워크를 유지하는 데 중요하다고 생각합니다.

Q 직원들의 신뢰를 얻기 위해 사장님을 어떻게 증명하셨나요?

A 기존 운영에서 소홀했던 온라인 마케팅에 주력했어요. 네이버 플레이스 재정비, 가게 정보 알림 메시지(매장 연락 시 문자로 알람이 오는 것) 재정비, 와디즈 펀딩을 통한 밀키트 제작 등을 했습니다. 그중 와디즈 펀딩으로 한 밀키트가 결정적인 트리거였어요. 진천이 아닌 외부 손님을 끌어오는 계기가 되었죠. 우리 가게의 특색을 살려서 매운족발과 냉채족발 밀키트를 제작했는데 밀키트를 맛보고 진천으로 찾아오는 고객이 생기기 시작했어요. 그리고 와디즈 펀딩을 보고 KBS의 한 프로그램에서 연락이 왔고 방송이 나간 후 타 지역 고객 유입이 급등했습니다. 관광 명소 하나 없는 진천에 우리 가게 음식을 먹으러 서울에서도 올 수 있다는 사실이 놀라웠지요. 그 후 모든 마케팅 및 광고 활동은 진천을 넘어선 인근 지역을 타깃으로 하고 시장을 넓혀갔어요. 그 결과, 주말에는 진천 외부 고객 비율이 더 높아졌고, 충청북도를 넘어 경기 남부, 경북 지역에서도 손님이 방문하고 있습니다. 이 외에도 손익 관리 데이터화, 식자재 그램 단가 정량화, 메뉴 엔지니어링을 통한 마케팅 전략 등 효율적인 운영 방법을 제안하며 인정받기 위해 노력했고, 그러한 노력들이 좋은 결과를 낳았습니다.

돈의 흐름이 보이는 손익 데이터로
매출을 2배로 늘리다

Q 부모님이 운영하실 때는 매출은 높은데 마진이 별로 남지 않는 상태였죠. 손익 관리의 가장 큰 문제점은 무엇이었으며, 어떻게 해결하셨나요?

A 제가 매장에 합류해 제일 처음 한 일은 가게 통장과 가정 생활비 통장을 분리한 것입니다. 믿기 어려우시겠지만 아직도 많은 업체가 가게 통장과 생활비 통장을 분리하지 않고 있어요. 부모님이 처음 식당을 시작했을 때는 그런 개념이 없었죠. 수십 년이 지나 하루아침에 분리하는 건 상당히 복잡한 일이었어요. 그렇지만 자체 데이터를 얻기 위해선 꼭 필요한 일이었습니다.

가게 통장은 홀, 배달, 비상금 계좌로 세분하고 홀 매출에서 식자재 비용을, 배달 매출에서 인건비를, 비상금에서 세금을 처리하는 원칙을 정했습니다. 입출금 내역도 손익관리표로 시스템을 만들어 매일 입력하고 일주일에 한 번씩 내역을 분석하며 관리합니다. 이렇게 손익 관리를 체계화하니 나가고 들어오는 비용을 한눈에 쉽게 볼 수 있었고, 데이터 통계를 기반으로 전략을 세울 수 있었어요.

손익 데이터가 중요한 이유는, 돈의 흐름이 보이지 않으면 의욕이 생기지 않기 때문이에요. 저희 매출이 8년째 정체된 이유가 여기 있었던 거죠. 손익 관리가 되니 매출과 마진이 눈에 보이고, 더 열심히 하려는 매출 목표와 전략을 세울 수 있게 됐습니다.

가끔 저에게 원가 관리 방법에 대해 물어보는 분들이 있어요. 그럼 저는 한 달에 얼마가 들어오고 나가는지 손익 관리부터 시작하라고 이야기합니다. 손익 관리를 통해 진단부터 해야 원가 관리가 문제인지, 또 다른 문제가 있는지 알 수 있습니다.

Q 진천청주왕족발의 경우 진단 결과 높은 식자재 비율이 문제가 되었죠. 어떻게 메뉴의 퀄리티와 양은 그대로 유지하면서 식자재 원가를 줄일 수 있었나요?

A 족발과 다양한 반찬을 푸짐하게 담아내는 한 상 차림이 주력 메뉴이다 보니 치솟는 식자재 원가 때문에 고민이 많았습니다. 외식업체의 평균 식자재 비율이 30~35%인 데 비해 저희 매장은 46%에 달했으니 원재료에 나가는 비용이 너무 높았어요. 한정식 같은 프리미엄 족발을 지향하기에 음식의 퀄리티는 그대로 유지하면서 식자재 활용과 호환에 초점을 맞추고 원가 비용을 낮추는 방법을 다각도에서 고민했습니다.

저희가 진행한 방법 중 첫 번째는, 쉽게 구할 수 있는 식재료 중에서 기존 메뉴를 대체할 수 있는 것을 연구한 것이었습니다. 반찬 메뉴를 교체할 때는 기존 고객이 어색함을 느끼지 않도록 음식의 식감과 특성까지 고려해 대체합니다. 밑반찬으로 제공되는 콩나물무침을 예로 들면, 콩나물 가격이 인상될 경우 콩나물의 아삭한 식감과 새콤달콤한 맛을 이어받을 수 있는 오이장아찌로 대체하죠. 그리고 오이 가격이 인상되면 장아찌의 짭조름한 맛을 잇는 된장깻잎으로 대신합니다. 콩나물무침에서 된장깻잎으로 바로 바꾸지 않고 중간을 연결하는 메뉴를 두어 고객들이 자연스럽게 받아들일 수 있도록 한 거죠. 그리고 된장깻잎은 족발과도 잘 어울리지만 장기 보관이 가능하다는 장점도 있고요. 이렇게 제철 재료를 싸게 구입해 장기 보관할 수 있는 메뉴를 늘려갔습니다.

두 번째는, 식자재 용도에 따라 못난이 농산품을 활용한 겁니다. 무침이나 장아찌처럼 조리 후 원물의 형태가 유지되지 않는 것은 가격이 저렴한 못난이 농산품을 사용했어요. 대신 문어, 가지, 꽈리고추 등으로 원물의 형태가 그대로 유지되게 만드는 음식은 손님 눈에 바로 보이기 때문에 특상 제품을 사용했습니다. 못난이 농산물의 판로가 고민인 농가가 많습니다. 그들의 걱정도 덜어주니 일석이조인 셈이죠.

세 번째는, 데이터를 활용해서 식자재 관리를 한 것입니다. 잔반을 추적 관찰해 고객의 선호도를 분석하고 그 데이터를 기반으로 반찬과 소스의 양을 줄였어요. 사소한 몇 그램이 모이면 큰 단위가 됩니다. 고객 선호도라는 근거를 기반으로 반찬과 소스의 가짓수와 양을 줄이니 고객 만족도에 영향을 주지 않으면서 원가를 줄일 수 있었고 반찬 담는 바트가 줄어들면서 주방도 정리되는 효과가 있었습니다.

Q 체계적인 손익 관리 솔루션을 위해 교육 프로그램이나 컨설팅의 도움을 받았나요?

A 손익 관리 문제를 해결하고자 관련 교육 프로그램을 찾아보았습니다. 때마침 배민아카데미의 '장사마진 1.5배' 프로그램과 연결되어 체계적으로 솔루션에 접근할 수 있었어요. 맞춤 컨설팅을 통해 식자재 관리, 수율 계산, 프렙, 정량화 등 원가 관리의 디테일한 부분까지 배울 수 있었습니다.

프로그램에 참여한 이후 손익 관리에 큰 변화가 찾아왔습니다. 음식의 가치는 그대로 유지하면서 식자재 원가율은 46%에서 35%로 감소하고, 마진율은 19%에서

32%로 증가했지요. 세 달 동안 다양한 미션을 성실하게 수행하며 고민한 결과로 얻은 성과입니다.

Q 컨설팅을 진행하면서 어머니의 레시피를 그램 단위로 정량화했는데 그 과정이 쉽지 않았을 것 같아요.

A 이전 레시피의 기준은 어머니가 쓰시던 파란 바가지, 빨간 바가지였어요. 그 레시피를 모두 그램 단위로 정량화하는 과정은 생각보다 어려웠습니다. 체력과의 싸움이었죠. 100여 개의 식자재를 원 상태, 기본 손질 후, 조리 후 단계별로 모두 측량하고 수율을 계산했어요. 영업시간 중에는 불가능하여 영업이 끝난 밤 11시에 시작해서 자정 지나 새벽 2~3시까지 작업하고, 아침에 다시 영업 준비하고, 이렇게 세 달 넘게 반복하니 체력적으로도 힘에 부쳤죠.

고된 과정이었지만, 1그램 단위로 정량해 수율을 계산하고 레시피를 정리하는 일은 우리 가게에 꼭 필요한 작업이었습니다. 데이터가 확보되니 당연히 원가 관리에 큰 도움이 되었고요. 동일한 양과 맛을 낼 수 있어 직원 교육의 효율성도 높아지고, 메뉴 가격 설정에도 타당한 근거를 제시할 수 있게 되었습니다.

대를 이은 가게, 대를 이은 단골손님

Q 30년 넘는 오래된 가게이기에 지역 주민들과 연결된 추억도 많을 것 같아요. 장사하길 잘했다고 보람을 느낀 적이 있나요?

A 단골손님들이 대를 이어 방문할 때 저희 가게의 존재 가치를 느낍니다. 34년 차 된 가게이니 부모님과 같이 오던 고객이 결혼 후 자녀와 함께 방문하는 경우가 상당히 많습니다. 그때 큰 보람을 느끼죠. 저도 어린 시절 부모님과 자주 가던 식당이

있습니다. 그 시절의 기억이 선명하게 남아 있는데 이제는 폐업을 해서 사라진 것이 아쉬워요. 가족의 추억이 있는 공간은 식당 이상의 의미를 갖습니다. 가족과 특별한 날을 함께한, 단골손님들의 추억이 있는 가게를 오래 유지하는 데 큰 가치와 책임감을 느끼는 이유입니다.

Q 최근 2층 공간을 확장한 것도 지역 주민들에게 추억의 장소로 활용되기를 바라는 마음에서인가요?

A 그렇습니다. 진천에는 대가족이 모일 공간이 충분하지 않아요. 그래서 2층 공간을 돌잔치, 칠순 잔치 등 특별한 가족 이벤트를 위한 장소로 활용될 수 있도록 구성했습니다. 가족끼리 프라이빗하게 편안한 분위기를 누릴 수 있도록 공간 레이아웃이나 집기도 일반 음식점과는 다르게 세팅했어요. 빔 프로젝터와 마이크, 현수막 거치대도 준비되어 있습니다. 지역 주민들이 세대에 걸쳐 우리 가게에서 갖는 경험이 너무 소중하고, 그 좋은 경험들이 모여 우리 가게를 지속할 수 있게 만듭니다. 우리 가게가 지역 주민들에게 특별한 날, 좋은 추억으로 기억되길 바랍니다.

Q 대를 이은 가게의 경우, 역사만 있고 시대 흐름을 읽지 못하면 도태될 수 있고, 너무 변화를 크게 주면 기존 고객이 떠날 수 있죠. 전통 계승과 트렌드를 반영하는 데 밸런스 유지가 중요해 보입니다.

A 맞아요. 특히 맛에 있어서는 고객이 '왜'라는 궁금증이 나오지 않도록 해야 합니다. 저희 가게는 곁들이는 반찬에 변화를 주면서 소비자 반응을 계속 테스트하고, 그 반응에 따라 고정 메뉴 영역과 가동성 메뉴 영역을 구분했습니다. 구운 마늘 반찬을 예로 들어볼게요. 마늘 굽는 일에 손이 많이 가서 생마늘로 나간 적이 있는데 거의 대부분의 고객이 구운 마늘을 찾았어요. 그러면 구운 마늘은 고정 메뉴가 되는 거죠. 저희 반찬은 리필이 가능한데 마늘 가격이 정말 많이 올랐어요. 원가 관리 차

원에서 조정이 필요했는데, 프리미엄 족발을 추구하기에 수입산 마늘은 선택지에 없었고 구운 마늘을 없앨 수도 없었어요. 대안으로 마늘종을 마늘과 같이 구워서 냈더니 고객 반응이 괜찮았습니다. 이처럼 소비자의 인식을 해치지 않으면서 음식 궁합도 맞고 원가도 절감되는 방향으로 메뉴에 변화를 주는 전략이 중요한 거죠.

이렇게 메뉴 전략은 트렌드에 따라 달라지지만, 1대 사장님의 장사 철학은 처음 그대로입니다. "먹는 장사는 인심이 좋아야 한다. 반찬 채워주는 식당은 안 망한다. 고객이 부르기 전에 먼저 움직여라." 이게 항상 하시는 말씀인데, 저희 가게만의 차별화된 서비스를 만드는 핵심 메시지였죠. 따라서 여전히 서비스는 이전 방식 그대로 유지하고 있어요. 모든 반찬은 리필이 되고, 고객이 요청하기 전에 반찬을 채워드리며, 고객과의 스킨십이 중요하기에 셀프 바는 운영하지 않습니다.

Q 부모님과 같이 일하는 데 어려움은 없나요? 유경험자로서, 가업 승계 시 주의할 점을 말씀해주세요.

A 가업 승계는 업무 외에 많은 부분에서 양보와 협의가 있어야 합니다. 오랜 현장 경험으로 내공이 있는 1대 창업주와 학문으로 배운 지식과 트렌드를 이야기하는 후계자는 많은 부분에서 충돌하죠. 서로의 부족한 점을 갈등 없이 채워주면 좋겠지만 가족이기에 말 한마디가 날카롭게 나갑니다. 직장 동료와는 절대 할 수 없는 말투와 단어를 쉽게 내뱉죠. 가업 승계에서는 후계자의 자세가 중요합니다. 가족이지만 직장의 구성원으로서 말투와 선을 지키고, 직원처럼 일하며, 가업에 어떤 도움이 될지 실력을 증명해야 합니다. 1대 창업주의 부족한 부분을 채우면서 적극적으로 나아가되, 결정권을 넘봐서는 안 됩니다. 수직 관계를 받아들여야 하죠.

각자 잘할 수 있는 분야를 나눠 역할 분담을 하는 것도 매우 중요합니다. 역할이 나뉘어 있지 않으면 매순간 부딪히고 책임을 전가할 수 있기 때문이죠. 각자의 업무에 충실하고 서로 신뢰할 때 가업이 번창하고 성공적인 승계가 이루어질 수 있습니다. ●

손익 관리

"돈과 사람을 모으는 원가 관리, 가능할까?"

이미나

(현) 우아한형제들 사장님비즈니스성장센터 배민아카데미 교육팀
저서 : <100배 식당 장사의 비밀>

◆◆◆

장사를 시작했습니다. 사장님은 심혈을 다해 개발한 메뉴, 그리고 열심히 발품을 팔아 얻은 좋은 목의 가게에서 종일 가게를 지키며 오시는 손님 한 분 한 분 정성을 다해 접객했습니다. 가게는 곧 입소문이 나 동네에서 나름대로 맛집으로 통하는 곳이 되었습니다. 피크 시간대에는 웨이팅도 생기고요. 하루하루 정신없는 나날이 계속됩니다. 주변에서는 "가게가 이렇게 성업하니 금세 부자 되겠어"라고 합니다. 하지만 실상은 달랐습니다. 표면적으로는 손님이 많은 식당이었지만 정작 손에 쥐어지는 것은 많지 않았거든요. 매장은 바쁘지만 돈은 벌리지 않는 잘못된 구조 속에서 직원들도 사장님도 지치고 있었습니다. '무조건 싸게, 무조건 많이, 무조건 맛있게'는 손님을 모을지는 몰라도 돈을 모으지는 못한다는 걸 깨달았습니다. 지속 성장하는 가게를 만들기 위한 손익 관리, 어떻게 하면 좋을까요?

TIP ❶

"브랜드 콘셉트와 운영 철학은 고객과의 약속, 반드시 지켜야 해요"

Q 늦었다고 생각할 때가 가장 빠른 법, 장사의 필수 요소인 손익 관리를 시작하려 합니다. 손익 관리에서 반드시 지켜야 할 원칙이 있나요?

A 장사로 오래 살아남는 비결은 뭘까요? 매출이 안정적으로 나오고, 비용을 효율적으로 사용해서 안정적인 순수익을 유지하는 힘이에요. 당연한 이야기일 수 있지만 실제 장사를 하다 보면 생각보다 쉽지 않죠. 당장 비슷한 콘셉트의 식당이 도처에 생겨나 경쟁이 치열할 뿐만 아니라 물가 상승으로 인해 원가 부담이 커져가기 때문이에요.

그래서 다양한 장사 전략을 배우는 것이기도 해요. 안정적인 매출을 만들기 위해 다른 가게와 어떻게 하면 차별점을 둘 수 있는지, 어떤 고객을 타깃으로 선정하면 좋을지, 분위기와 메뉴의 콘셉트는 뭐가 어울릴지, 고객을 불러 모으기 위한 마케팅은 어떻게 하면 좋을지 고민이 필요한 거죠.

많이 벌기만 한다고 끝나는 건 절대 아닙니다. 중요한 게 하나 더 남았어요. 바로 '손익 관리'입니다. 손익 관리를 하지 않고 장사를 하면 열심히 하고도 남는 게 없어서 허탈한 상황에 처할 수 있어요. 아마 이미 경험하고 계신 분들도 꽤 많을 거예요. 두 가지 상황을 예로 들어볼게요. A가게는 월 8000만원을 팔고 800만원이 남았어요. 그런데 B가게는 월 5000만원을 팔고 같은 800만원이 남은 거예요. 생각할 것도 없이 5000만원 팔아서 23% 마진이 남는 쪽이 더 장사를 잘한다고 볼 수 있죠. 매출이 높아도 정작 가져가는 돈은 같으니 손익에서 차이가 나는 셈이에요. 투입되는 노동력 대비 얻는 수익에 이 정도의 차이가 난다는 사실을 깨닫게 된다면 정신이 번쩍 들지 않나요? 이것이 바로 가게에서 손익 관리를 반드시 해야 하는 이유입니다.

손익 관리는 손실과 이익이 나는 상태를 확인하고 이익이 나도록 여러 가지 활동을 하는 것을 말합니다. 쉽게 말해 많이 팔고 적게 쓰면 손익 관리가 잘된 것입니다. 그런데 여기서 정말 주의해야 할 게 있어요. 바로 '고객을 만족시켜야 한다'는 전제 조건이 깔려 있어야 한다는 거예요. 오래 살아남기 위해 손익 관리를 해야 하는 건 맞지만 기준 없이 섣불리 하다가는 소중하게 만든 고객들이 자칫 떠나갈 수도 있어요. 적게 쓰고 많이 남기기 위해 무조건 비용을 줄이기만 해서는 안 됩니다. 브랜드를 처음 만들 때 기준으로 세운 원칙들은 그대로 지켜가면서 비용을 절감하는 것이 중요합니다.

예를 들어 국내산 재료만 사용하는 걸 기준으로 삼았는데 원가절감을 한다고 수입산 재료로 갑자기 모두 바꾼다면 안 되겠지요. 그렇게 하면 고객과의 약속이 깨지는 것은 물론 브랜드의 가치가 훼손되기 때문입니다. '브랜드 콘셉트'와 '운영 철학'은 반드시 유지해야 하기 때문에 원가절감을 할 때는 기준이 꼭 필요하다는 걸 잊으면 안 됩니다.

TIP ❷

"가게의 원가절감 첫 번째, 데이터를 활용해보세요"

Q _ 가게의 지출 비용을 구성하는 다양한 요소, 어떻게 구분하나요?

A _ 장사할 때 지출되는 비용 중 오프라인에서 가장 높은 비중을 차지하는 것은 바로 식재료비와 인건비입니다. 이 두 가지 비용을 집중해서 관리하면 원가절감의 효과가 크게 나타납니다. 임대료도 금액이 크지만 창업할 때 이미 정해져 있어서 장사 중에는 대부분 변경하기 어려워요. 이 외에 관리비 같은 고정비도 줄일 수 있지만 금액이 크지 않아 효과가 미미하죠.

여기서 잠깐! 비용에 대해 간단히 알아봐도 좋겠어요. 외식업에서 비용은 고정비와 변동비로 구분됩니다. '고정비'는 음식을 팔지 않아도 고정적으로 발생하는 임대료, 인건비, 관리비 같은 비용을 말합니다. 반면 '변동비'는 말 그대로 변하는 비용이에요. 식재료비, 가스·전기·수도 등의 수도 광열비, 각종 소모품비 같은 비용을 말하죠. 이러한 비용 구조 때문에 가게는 최소한으로 올려야 하는 기본 매출이 존재하고, 손실 없이 이익이 나도록 하기 위한 최소한의 매출 유지가 수반되어야 합니다.

인건비는 인력 구성을 바꾸면 변경되기도 합니다. 하지만 한 번 정해지면 매월 고정적으로 나가는 특징이 있어 고정비로 구분합니다. 변경이 어려운 임대료를 제외하고는 고정비에서 가장 높은 비중을 차지하는 것이 인건비입니다. 식재료비는 음식을 팔 때마다 발생하고 매달 변하는 비용이라 변동비라고 생각하면 됩니다. 식재료비는 변동비에서 중요하게 관리해야 하는 항목이에요. 고정비와 변동비를 모두 포함한 전체 운영비에서 가장 신경 써서 관리해야 하는 비용이기도 하죠.

Q 가장 신경 써서 관리해야 하는 식재료 비용은 매입 가격, 식재료 상태, 재고 보관에 따라 변동 폭이 크고 적절히 관리하기가 쉽지 않아요. 효과적으로 관리하는 방법이 있을까요?

A 관리가 어렵기 때문에 더더욱 식재료비 절감에 대한 아이디어는 꼭 필요합니다. 구체적으로 원가절감의 방법을 찾으려면 메뉴의 원가를 계산할 수 있어야 합니다. 원가 계산을 어려워하는 사장님들이 꽤 많은데 생각보다 어렵지 않습니다. 다음 페이지에 나오는 공식을 참고해 계산해보면 되는데요, 이 과정에서 매우 중요한 포인트가 하나 있습니다. 반드시 '재료의 수율'을 계산에 반영해야 한다는 겁니다. 수율이란 원물을 손질한 후 남은 분량을 의미해요. 실제 사용할 수 있는 분량을 뜻하죠.

수율이 100%라는 뜻은 버릴 게 하나도 없다는 걸 의미해요. 수율이 70%라는 말은 30%는 버려지고 나머지 70%만 사용할 수 있다는 걸 말하죠. 수율이 100%면 버릴 게 없어서 매입한 단가 그대로 계산하면 되고, 수율이 70%로 낮아지면 매입했을 때보다 단가가 비싸지는 거예요. 버리는 부분이 생겼기 때문에 그만큼 음식 만드는 데 재료가 더 필요하게 돼서 원가가 상승하는 거죠. 그러니 수율에 따라 단가가 달라진다는 사실은 꼭 기억하셔야 해요. 낭비 없이 사용되도록 평소 수율 관리에도 더욱 신경을 쓰셔야 하고요.

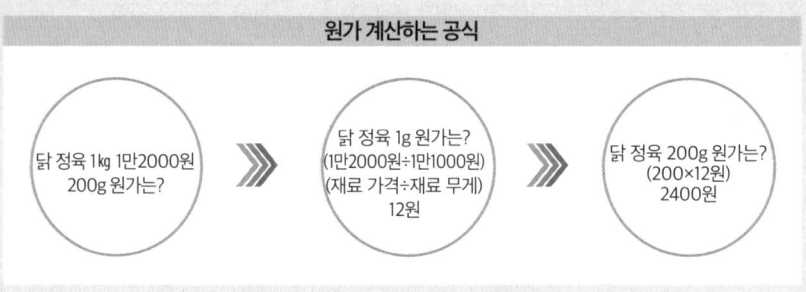

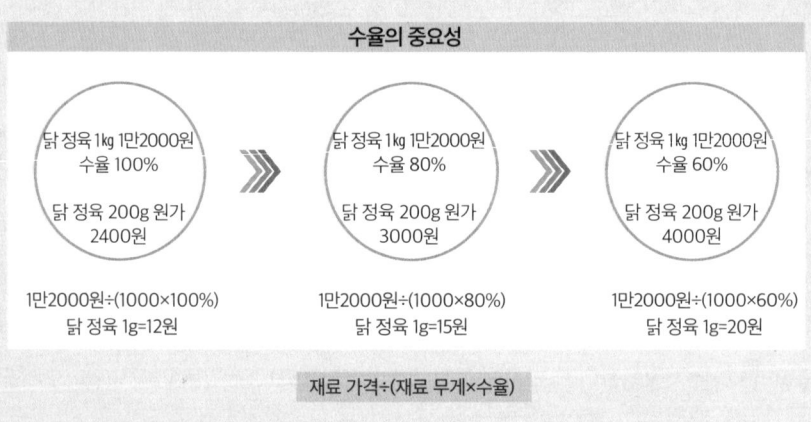

우선 사용 중인 모든 식재료 중에서 단가가 가장 비싼 순서부터 단가를 낮출 수 있는지 체크해보세요. 이때 매입한 식재료의 단가가 높은 것이 비싼 재료로 보일 수 있는데, 가격을 확인할 때는 단순히 매입 단가를 보면 안 되고 1그램(g)당 단가로 바꿔야 비교하기 쉽습니다. 대체할 만한 품목을 찾았더라도 맛에 심각한 변화를 줄 수 있다면 변경하면 안 되겠죠. 다음으로 매장의 대표 메뉴를 먼저 체크해보세요. 판매가 많이 되는 메뉴인 만큼 원가 상승에 주요한 원인이 될 수 있기 때문입니다. 가장 먼저 메뉴에 사용하는 재료별 원가를 각각 계산하세요. 이러면 어떤 재료가 가장 비용이 많이 드는지 쉽게 파악할 수 있습니다. 원가 비중이 높은 식재료부터 하나씩 살펴보면 원가절감의 아이디어를 구체적으로 세워볼 수 있게 됩니다. 예를 들어 비싼 재료가 어떤 건지 파악하고 그 재료의 관리에 더욱 신경을 쓸 수 있게 되는 거죠. 음식을 만들 때도 실수하지 않도록 레시피 교육을 더욱 철저히 할 수 있습니다.

식재료 비용이 상승하기 전 미리 대비할 수도 있어요. 조리에 꼭 필요한 재료인데 가격이 폭등한다는 정보를 들었을 경우 미리 여유분을 챙겨둘 수 있으니까요. 데이터를 통해서 한 달에 얼마만큼 재료를 사용하는지 파악하고 있으면 어느 정도의 여유분을 구입해야 하는지도 쉽게 알 수 있거든요. 보관할 수 있는 공간이 있다면 저렴한 가격일 때 먼저 대량으로 구입하는 방법도 좋아요.

식재료 가격 인상에 대한 정보는 평소 거래하고 있는 업체를 통해 알 수 있고요. 한국농수산식품유통공사에서 운영하는 식품산업통계정보(FIS) 홈페이지에서도 전국적인 평균 가격 데이터를 확인할 수 있습니다. 해당 홈페이지의 경우 식품 산업 통계뿐만 아니라 국내외 외식업 시장 동향까지 유익한 정보가 많으니 활용해보길 추천해요.

가격이 상승하는 식재료가 주재료인지 부재료인지에 따라 대비하는 방법도 조금 달라요. 부재료 가격이 올랐다면 대체 품목을 찾아서 바로 변경할 수 있습니다. 예를 들어 보쌈 메뉴인데 새우젓 가격이 오르면 새우젓 대신 쌈장을 상차림에 제공해보는 거죠. 만일 주재료의 가격이 인상된 거면 메뉴에 함께 사용할 수 있는 보조 재료를 찾아보거나 주재료의 사용을 줄일 수 있도록 메뉴의 형태를 잠시 변경해서 판매해보는 방법도 있습니다.

재료비 상승에 대처할 대안이 더 이상 없다고 생각되면 그때는 가격 인상을 해야 해요. 다만 가격 인상을 할 때는 한 가지 룰을 따르길 권합니다. 농산물 같은 식재료의 경우 계절에 따라 변동 폭이 클 수 있기 때문에 연간으로 단가를 확인한 후 전체 평균을 계산해서 그 평균가를 원가에 반영해 가격을 결정하는 방법을 추천해요.

TIP ❸

"가게의 원가절감 두 번째, 현장에서 답을 찾아보세요"

Q_ 식재료 사용에 변화를 주면 손님들이 변했다고 생각할까 조심스럽습니다. 원가절감을 위한 식재료 사용량 조정을 어떻게 해야 할까요?

A_ 현장에서 고객을 관찰하다 보면 원가절감의 힌트를 얻을 수 있어요. 우선 고객이 드신 메뉴의 잔반을 체크해보세요. 고객이 음식을 남긴다면 거기에는 여러 가지 이유가 있을 수 있습니다. 맛에 문제가 있거나, 원하지 않은 메뉴일 수도 있고, 또는 양이 너무 많아서 남기는 경우도 있을 수 있죠. 어떤 이유인지 자세히 살펴보고 남기는 횟수가 반복되면 개선을 해야 합니다. 잔반량이 계속해서 많아지면 음식물 처리 비용도 함께 늘어나고 그 모든 것이 부담해야 하는 관리 비용에 포함되기 때문이에요.

이럴 때는 잔반량을 줄일 수 있는 구체적인 아이디어가 필요합니다. 예를 들어 음식 맛을 개선하기 위해 메뉴 개발을 할 수도 있고, 메뉴 가짓수와 음식량을 조금 줄여볼 수도 있습니다. 식감과 맛이 중복되지 않도록 메뉴를 새로 구성해봐도 좋겠죠. 간혹 푸짐하게 음식을 담는 걸 서비스라고 생각하는 경우도 있는데요, 그렇다고 음식이 버려지는 일은 없도록 해야 합니다. 손님상에 나간 메뉴를 수시로 체크하며 현장에서 혹시 불필요하게 발생하고 있는 비용은 없는지 늘 확인해보는 습관을 가져야 합니다. 이렇게 쌓인 데이터는 다수의 고객들이 전하는 의견이 됩니다.

다음은 메뉴 운영이 제대로 되고 있는지 직접 확인해보세요. 레시피에 따라 메뉴를 만들지 못하면 맛이 그때그때 달라져 준비한 재료를 버리고 다시 만들어야 하는 경우가 생깁니다. 예상한 원가보다 비용이 더 드는 셈이죠. 이런 일이 반복되면 음식점 운영을 잘할 수 없게 되고 평가도 나빠집니다. 부정적인 피드백이 쌓이면 결국 매출 하락으로 이어질 수 있으니 이런 상황이 발생되지 않도록 레시피가 잘 지켜질 수 있는 환경을 미리 만들어놓는 게 필요합니다.

하지만 바쁜 현장에서 일을 하다 보면 레시피가 잘 지켜지지 않을 수 있어요. 어떤 상황에서 레시피가 지켜지지 않는지 체크해보세요. 예를 들어 정해진 중량으로 소스가 나가야 한다는 걸 알고는 있지만 너무 바빠 양을 제대로 확인하지 못하고 그냥 손님상에 제공되는 경우가 생길 수 있어요. 이런 상황에 용기 사이즈까지 큰 걸 사용하면 바쁠 때는 그냥 큰 사이즈에 맞춰 제공하게 되죠. 그러면 레시피 기준량을 초과해버리기 일쑤예요.

따라서 용기 사이즈를 오차 범위 내에서 알맞은 양으로 나갈 수 있는 크기로 변경하든지, 아니면 도구를 이용해서 정량화된 상태로 나갈 수 있도록 만들어줘야 합니다. 직원이 직접 하는 대신 기계의 힘을 이용할 수 있는 일이 있다면 적용하는 것도 좋은 방법입니다. 일을 가능하면 쉽게 하도록 만드는 건 레시피를 빠르고 정확하게 실행하게 하는 데 도움이 됩니다. 결국 비용이 낭비되는 걸 방지하는 역할을 하기 때문에 오히려 효율적인 방법이 될 수 있지요.

마지막으로 목적에 맞는 올바른 식재료 선택도 원가를 절감하는 데 효과가 있습니다. 식재료에 사용하는 원물이 메뉴에 어떻게 쓰이는지 보고, 거기에 맞춰 재료를 사용하도록 하는 건데요, 예를 들어 음식의 고명으로 이용하는 재료라면 원물 상태에 흠집이 있으면 안 되고 보기 좋은 상태여야 하겠지요. 그런데 육수에 들어가는 재료라면 굳이 A급 상태가 아니어도 괜찮습니다. 표면에 조금 상처가 나도 맛에 지장을 주지 않을 정도라면 충분히 사용할 수 있습니다. 요즘은 이런 '못난이 농산품' 같은 재료를 인터넷을 통해 쉽게 구할 수 있어요. 제철 재료를 적절하게 활용해봐도 원가절감을 하는 데 큰 도움이 됩니다. 사계절 똑같은 재료를 쓰는 것보다 식재료 가격에 따라 유연하게 제철 식재료를 활용해보는 것은 아주 좋은 방법이라 할 수 있어요.

이제는 매출도 중요하지만 수익의 중요성을 알고 손익 관리를 하는 가게만이 살아남는 시대가 되었어요. 줄 서는 식당의 경우 매출이 아무리 높더라도 이익이 남지 않으면 오래 유지하기 어려운 것이 현실이니까요. 그러니 낭비되는 지출은 줄이고 효과적으로 돈을 쓰는 형태로 가게가 운영되도록 해보세요. 매출은 조금 낮더라도 이익이 나는 행복한 장사를 하시면서 요즘같이 어려운 외식업 상황을 잘 헤쳐나가셨으면 좋겠습니다.

푸드테크

"푸드테크가 인적 서비스를 대신할 수 있을까?"

전효진
전주대학교 교수, (현) 문화관광대학 외식산업학과 교수,
(현) 식품산업연구소 소장, (현) 중소기업산학협력센터장

◆◆◆

여의도 A빌딩 근처의 한 설렁탕집. 점심시간이 가까워지면 인근 직장인들이 하나둘 몰려오기 시작합니다. 날씨가 쌀쌀해지며 손님들이 부쩍 늘어나 피크 시간대는 웨이팅이 생기기도 해서 일손이 매우 부족합니다. 직원 공고는 진작에 올려뒀지만 워낙 바쁜 매장이고 무거운 뚝배기를 날라야 하니 구하기가 쉽지 않습니다.

최근 무거운 트레이도 거뜬히 나르는 서빙 로봇과 테이블마다 셀프 주문 및 결제 시스템을 두고 운영하는 식당들이 점점 늘어나고 있어 도입을 고민하고 있습니다. 스마트 기기에 익숙한 직장인들과 젊은 손님들은 오히려 주문과 결제를 신속하게 할 수 있어 편리하게 여기지만 반대로 조작이 능숙하지 않은 고객들은 소외되지 않을까, 대면 서비스를 통해 친밀함을 쌓아온 단골 고객들을 놓치지는 않을까 걱정이 됩니다. 기술이 인적 서비스를 대신할 수 있을까요? 시대가 변했으니 서비스도 변해야 할까요?

TIP ❶

"무조건적으로 도입하기보다는 가게의 생산성과 원가를 분석한 후 도입을 결정해야 해요"

Q 인력 관리, 로봇, 테이블 오더… 푸드테크 접목이 답일까요?

A 최근 식당을 운영하는 사장님들께 가장 많이 듣는 질문 중 하나가 바로 "서비스 영역을 기술로 대체해도 괜찮을까요?"라는 이슈입니다. 그도 그럴 것이 최근 외식업계는 여러 대외적 요인으로 인해 식재료 원가와 인건비, 세금 등 "오르지 않은 것이 없다"라고 해도 과언이 아닐 만큼 많은 것이 급속히 인상되었습니다. 때문에 직접적인 영향을 받는 외식업 사장님들의 운영상 어려움이 지속되고 있지요. 푸드테크 도입에 대한 고민도 이러한 어려움 속에서 돌파구를 찾고자 하는 깊은 고민에서 비롯된 것이겠지요.

결론부터 말하자면 "피하고 싶어도 피할 수 없다"라는 말씀을 드리고 싶습니다. 가게 운영 전반에 걸친 대내외 환경의 급변으로 인해 디지털 전환은 이미 산업 전반의 빅 이슈가 되었습니다. 외식 산업 전체를 보더라도 첨단 기술과 접목한 푸드테크 관련 산업이 차지하는 비중이 한 해가 다르게 커지고 있어요. 불안정한 국내외 정세로 식자재 수급과 가격 예측은 나아지기보다 점차 더 어려워지는 추세이며, 최저임금 인상까지 맞물려 외식업체들은 가격 인상을 결단 내릴 수밖에 없는 상황으로 내몰려 외식업 사장님도, 소비자들도 모두 어려운 상황에 직면하게 됐죠. 외식업에서 이뤄지고 있는 푸드테크 산업의 빠른 성장은 기술 발전과 더불어 사용자들의 절박한 필요와 수요에 의한 결과라고도 할 수 있겠습니다. 외식업에서 푸드테크는 특히 '인력 수급'에 어려움이 있거나 효율을 높이고 싶어 도입을 고려하는 케이스가 많은데, 푸드테크 활용에 앞서 자신의 영업 환경이 푸드테크 도입에 적절한지 '생산성'과 '원가' 측면에서 철저히 분석하는 것이 중요합니다. 외식 푸드테크 도입에도 비용이 수반되고, 관리 등의 부수적인 업무가 발생하는 만큼 분명한 장단점이 공존하기 때문입니다.

외식 업장에서 푸드테크 활용을 시도하는 가장 큰 이유는 '자동화'와 '인력 대체'를 위한 것이라고 할 수 있습니다. 당면한 업장의 문제가 해결되지 않으니 많은 국내 외식업체에서 급진적으로 서빙 로봇과 테이블 오더 시스템 등을 도입하고 있죠.

먼저 장점은 무엇일까요? 대표적인 예로 서빙 로봇, 키오스크, 테이블 오더 시스템 등은 운영자의 입장에서 편리하고 인건비 감축의 효과를 불러옵니다. 또한 O2O(Online to Offline) 서비스의 활용은 주문과 결제의 편의성뿐만 아니라 외식업 마케팅의 방식도 변화시킵니다. 예전처럼 전단지를 돌려가며 발로 뛰지 않아도 온라인 페이지를 어떻게 관리하느냐 하는 것이 마케팅의 중요한 경쟁력이 될 수 있지요.

하지만 매장의 환경을 철저하게 분석하지 않은 경우 푸드테크 도입에 부작용이 따르기도 해요. 테이블 오더 시스템은 사용하는 고객에 따라 편의성이 저하되기도 하며, 불편함을 느낀 고객들의 재방문율을 떨어뜨리는 결과를 초래하기도 합니다. 서비스 현장에서 자주 보이는 서빙 로봇은 매장 동선과 환경이 적절하지 않을 경우 오히려 운영 효율을 떨어뜨릴 수도 있고, 사용자에 따라서는 비용 부담을 증가시키는 경우도 있어요. 이처럼 푸드테크 도입이 오퍼레이션의 문제를 해결해줄지는 모르나 반드시 '원가 상승'의 문제를 해결해주는 것은 아님을 인식하는 것이 중요합니다.

푸드테크가 외식업 운영에 당면한 모든 문제의 해결책이 될 수는 없지만, 분명한 것은 스마트폰이 우리 생활에 스며든 것처럼 경영 환경에서 디지털 전환과 대중화는 갈수록 확산될 것이라는 점입니다. 주문과 데이터 관리를 필두로 한 외식업에서의 푸드테크 접목은 피할 수 없는 미래 경영 방식인 것이죠. 새로운 푸드테크 기술에 대해 꾸준히 관심을 기울이고, 우리 가게에 필요한 기술은 무엇인지, 운영과 매출 안정에 얼마나 기여할 수 있는지 등에 대한 충분한 시장조사와 분석이 수반된다면 푸드테크는 분명 새로운 성장의 도구가 되어줄 것입니다.

TIP ❷

"푸드테크는 대안이 아닌 전략, 업무 환경과 서비스 개선의 기회로 활용해보세요"

Q ＿ 외식업 사장님들 가운데 운영상 가장 어려운 점을 인력 관리로 꼽는 경우가 적지 않습니다. 외식업에서 일하려는 사람이 많지 않고, 운영자 입장에서 현실적으로 높은 급여를 보장하기 힘들다 보니 악순환이 계속되는 것 같아요. 풀리지 않는 숙제인 인력난, 푸드테크 도입으로 극복할 수 있을까요?

A ＿ 맞습니다. 실제로 현재 외식업 현장에서는 인력 수급에 대한 어려움이 가장 큰 과제로 떠오르고 있어요. 향후 외식 산업에서 인력 수급과 관리의 문제는 외식업의 경영과 방향을 결정하는 가장 중요한 키 팩터(Key Factor)가 될 것이라는 예측도 가능해집니다. 인건비 상승 속도가 운영 업체가 처한 현실과는 동떨어진 측면이 있는데다 외식업에서 근무하려는 인력 자체가 절대적으로 부족한 상황이 심화되고 있기 때문이죠. 여러 경영 환경 문제의 해결도 함께 이뤄져야 하겠지만 현재의 대표적 문제인 인력난 해소를 위해서는 현실에 맞는 빠른 대응책 마련이 매우 중요하다고 할 수 있겠습니다. 푸드테크 도입을 통해 서비스나 메뉴 생산을 편리하게 하고, 인력난에도 도움을 받을 수 있겠지만 적절하게 구성하지 못하면 오히려 도입 비용과 유지비에 의해 원가 상승 문제가 발생할 수 있음을 고려해야 합니다. 앞서 말씀드린 대로 무조건적인 도입이 아닌 매장의 영업 환경 분석이 우선시되어야 한다는 점을 거듭 강조하고 싶습니다.

외식업 운영자 대부분이 소상공인이죠. 경영 환경이 급변해 기존의 베테랑 사장님들도 따라잡기 버거운 상황 속에서 높은 폐업률을 보이고 있어요. 창업 준비와 경험이 부족한 초보 사장님의 경우 노하우와 시스템이 갖춰지지 않은 상태에서 자체적 인력 수급과 관리 방안을 실천하기에는 더욱 어려울 수 있죠. 이때 소규모 업체의 경우 푸드테크 도입은 외부 인력의 고용 없이 운영할 수 있는 시스템을 마련하는 데에 유리한 측면이 있습니다.

예를 들어 1인 업장이라면 셀프 주문과 결제 시스템을 도입함으로써 사장님은 제품 생산에 보다 집중할 수 있지요. 인력 수급과 관리의 어려움이 노동 강도와 업무 난도를 상회하는 경우라면 생산 자동화 및 협동 로봇, 키오스크, 테이블 오더 등의 셀프 주문 시스템이 업무 환경과 서비스를 개선시킬 수 있지요. 이런 푸드테크의 도입은 또 하나의 좋은 동료를 마련하는 셈이 될 수 있습니다. 하지만 고객 접점이 중요한 업종이라면 고객 만족도를 떨어뜨리는 요소가 될 수 있다는 점도 간과해선 안 됩니다. 또한 푸드테크 기기의 도입과 지속적 운영에 필요한 비용을 반드시 고려하여 영업 효율을 높일 수 있는 똑똑한 전략으로서 활용해보시기를 바랍니다.

TIP ❸

"다양한 분야에 활용되고 있는 푸드테크, 철저한 분석을 통해 '내 가게'에 필요한 기술이 무엇인지 파악해야 해요"

Q ─ 식당 운영 효율을 극대화할 수 있는 전략적인 푸드테크 활용, 어떤 것들이 있나요? 도입 시 주의 사항은 무엇일까요?

A ─ 식당에서 활용할 수 있는 푸드테크 기술은 점점 다양해지고 있어요. 대표적인 것이 '서빙 로봇'이죠. 매장이 넓어 곳곳에 인원을 배치하기 힘든 구조이거나 무겁고 뜨거운 그릇을 운반하는 식당에서 유용하며, 특히 추가 주문 음식을 서빙하거나 테이블을 치우는 경우 활용도가 높아 외식업체에서 종종 사용되고 있습니다.

서빙 로봇은 일시불 구매 비용이 높기 때문에 대부분의 외식업체가 일정 기간 약정을 통해 렌털 형태로 도입하는 것이 일반적입니다. 하지만 향후 공간 이전이나 폐업 등 여러 사유로 사용하지 못하게 될 경우 약정 기간으로 인해 렌털 비용이 부담될 수 있기 때문에 도입

시에 초기 비용은 물론 생산성과 사용 기간, 고객과의 안전 사고 가능성 등 여러 요소를 고려해야 해요. 특히 테이블 간의 간격과 이동 동선을 파악하고 조정하는 노력이 꼭 필요하죠. 업종은 적합하더라도 매장 환경이 적합하지 않다면 철저한 가동 시뮬레이션을 통해 신중하게 접근할 필요가 있습니다.

고객들의 '배달 음식 주문'도 푸드테크의 대표적인 활용 사례라 할 수 있어요. 배달 주문 플랫폼을 통해 식당에서는 온·오프라인을 통한 매출 발생 채널을 확장할 수 있게 됐죠. 예를 들어 점심 홀 영업이 활성화된 매장에서 이제 저녁 야식 배달 메뉴를 동시에 운영하며 매출 구조의 안정성을 높이는 것도 가능해졌어요. 입지가 불리한 업장에서도 기회를 얻을 수 있고요. 또한 배달 앱을 통해 유입된 정확한 고객 데이터를 기반으로 고객의 요구를 분석하고 고객 맞춤형 서비스를 제공해 서비스 품질을 높이는 데 활용한다면 운영 효율을 극대화할 수 있을 것입니다.

푸드테크는 주방에서 조리 작업을 편리하게 하는 '생산 자동화' 부문에서도 적극적으로 활용되고 있어요. 특히 근무시간과 노동 강도가 높은 외식업체 사장님이라면 협동 로봇이나 생산 자동화 방법을 지속적으로 모색하는 노력이 필요합니다. 서비스와 생산 부분에서 푸드테크를 적재적소에 도입해 생산성과 효율성을 향상한다면 직원 근무 환경 개선 및 고객 만족도를 높일 수 있는 적절한 전략이 될 수 있을 거예요. 또한 로봇 요리사, 로봇 바리스타 등 협동 로봇의 도입은 시각적 효과를 통해 초기 고객 유입에도 기여할 수 있고, 일관성 있는 제품 제공이 가능하다는 측면에서도 우리 가게만의 긍정적인 특색이 될 수 있습니다.

외식업은 소규모 운영 형태가 다수인 만큼 원가 상승으로 인한 수익성의 결여를 긴 호흡으로 버티기가 힘들고, 이것이 장기화되면 결국 폐점으로 이어질 수밖에 없습니다. 이런 상황에서 푸드테크 기술의 도입은 인력난 대응, 생산과정에서의 효율성 증진, 고객 맞춤형 생산, 원가 상승 요인에 따른 다양한 문제의 해결 등에 돌파구가 될 수 있어요. 새로운 기회 창출의 도구로서 내 가게에 필요한 기술이 무엇인지 명확하게 파악하고 도입을 위한 철저한 분석이 수반된다면 인간의 대체가 아닌 '기술의 시너지'를 만들어낼 수 있을 것입니다.

chapter 1	chapter 2	chapter 3	**chapter 4**
메뉴	홍보 마케팅	가게 운영	**가게 성장**

chapter 4
가게 성장

가게 운영도 공부가 필요할까?
〈장수만세〉 장임택 사장님

성공 가게의 노하우, 벤치마킹 어떻게 해야 할까?
〈국보회관〉 최원근 사장님

우리 가게도 프랜차이즈가 될 수 있을까?
〈호랑이쌀국수〉 허지선 사장님

❶
장사 공부

자영업자 600만 명 시대. 치열하지 않을 수 없어요. 망해가는 가게를 심폐 소생해주는 외식 컨설팅 유튜브 채널이 뜨고, 장사 잘되는 법을 알려준다는 강의와 책들이 쏟아지고 있습니다. 맞아요, 장사 공부는 필요합니다. 제로섬 게임에서 생존하려면 무지(無知)는 죄거든요. 공부는 해야 하겠는데 어디서부터 무얼 공부할지 막막하다는 사장님들이 많습니다. 공부 좀 해봤다는 사장님들은 이렇게 말합니다. "공부를 하면 할수록 공부할 게 많아진다"라고요. 이분들은 일단 어떤 책이라도 펴고 어떤 영상이라도 보라고 조언합니다. 그리고 그걸 꾸준하게 하라고 합니다. 하지만 장사 공부를 하며 만난 성공한 사람들의 강연을 들으면 자신과는 동떨어진, 너무나 먼 얘기처럼 느껴집니다. 일정 시간을 할애해야 하니 매장 운영에 소홀해질까 걱정도 되고요. 끈기 있는 장사 공부, 시간과 노력을 투자할 가치가 있을까요?

장수만세
장임택 사장님

가게 운영도 공부가 필요할까?

'상봉동 테스형'의 인생 2막 밝힌 장사 공부

서울 중랑구 면목동의 '장수만세'는 벌써 13년째 보쌈과 막걸리를 판매하는 한식 전통 주점입니다. 장수만세가 처음부터 전통 주점은 아니었다고 해요. 기존에 운영하던 매장에서 주력 메뉴를 살려 막걸리 마실 맛 나는 술집으로 재탄생시킨 것이랍니다. 처음 운영한 식당으로 먹고살 만한 매출이 나왔지만 장임택 사장님은 이에 만족하지 않았어요. 어떻게 하면 장사가 더 잘될 수 있을까 공부했죠. 장사에 대한 그의 학구열이 오늘날의 장수만세를 있게 한 원동력입니다. 증권 맨에서 '어쩌다 사장'이 된 장임택 사장님의 테이블 8개가 있는 이 작은 주점은 최근 월 매출 최고 기록을 경신하며 동네의 실속 있는 맛집으로 자리 잡았습니다. 끈기와 열정을 쏟은 장사 공부, 사장님의 인생 2막을 든든하게 서포트하는 지원군이라고 합니다.

증권 맨 그리고 신용 불량자, 국숫집 사장이 되다

Q 사장님과 사장님의 가게를 소개해주세요.

A 안녕하세요. 저는 서울 면목동에서 전통 한식 주점 장수만세를 운영하는 장임택입니다. 같은 자리에서 2013년부터 '만복국수'라는 체인점으로 장사를 하다가 2019년에 장수만세로 리브랜딩을 거쳐 지금까지 운영해오고 있습니다. 장수만세는 보쌈, 홍어삼합, 전 등 막걸리와 잘 어울리는 안주류를 판매합니다. SNS 채널을 활발히 운영하고 중랑구 공식 유튜브에도 출연해 장수만세를 널리 알리려고 노력하고

있어요. 그 덕분에 한식 주점이지만 주요 고객이 특정 연령대에 머무르지 않고 20대부터 60대까지 두루두루 장수만세를 찾아주고 있습니다.

Q 장사를 좀 늦게 시작하신 것 같아요. 사장님은 어떻게 장사를 시작하게 되었나요?

A 원래 저는 금융권에서 일했어요. 모두가 부러워하는 돈 잘 버는 직장에 다녔지만 투자 실패로 인해 가진 재산을 전부 날리게 됐습니다. 회사에서도 잘렸어요. 잘나가는 증권 맨에서 하루아침에 신용 불량자로 전락해버렸고, 처갓집에 얹혀살면서 신용 불량자를 받아주는 곳에서 일하며 아등바등 살았죠. 그러던 어느 날, 저를 안타깝게 여기던 한 선배가 저를 찾아와 식당을 한번 운영해보면 어떻겠냐고 물어보더군요. 돈은 본인이 빌려주겠다면서요. 선배의 도움을 받아 체인점이던 면목동의 만복국수를 인수하면서 엉겁결에 장사를 시작하게 됐어요. 지금 돌이켜보면 무식해서 용감했던 거죠. 대신 정말 열심히 일했어요. 오후 4시부터 새벽 4시까지 하루 12시간을 꼬박 일했어요. 쉬는 날도 없이요.

체력적으로는 정말 힘들었지만 장사는 잘됐습니다. 빚도 다 갚고 낮과 밤이 바뀐 스케줄에 몸도 적응하고요. 그런데 딱 먹고살 수 있을 정도로 벌게 되니까 정체되는 매출에 고민이 생기기 시작했습니다. 상봉역과 면목역 사이에 있지만 어떤 역과도 결코 가깝다고 말할 수 없는 가게 위치상 새로운 고객 유입이 어려웠기 때문이에요. 그런데 어느 날 우리 가게 위에 냉면이랑 칼국수를 전문으로 하는 배달 전문점이 들어왔어요. 지금이야 이상할 것 없지만 당시에는 배달 전문 매장이 흔하지는 않았습니다. 있더라도 중국집, 치킨집, 피자집 정도가 배달 메뉴로 인식되고 있었죠. 저 메뉴로 배달 수요가 있을까 싶었는데 웬걸, 장사가 잘되더라고요. 그렇게 저도 배달의민족이라는 플랫폼을 알게 됐고 배달 서비스를 시작하게 됐습니다.

배달 서비스, 정체된 매출의 돌파구가 되다

Q 남들보다 좀 더 빠르게 새로운 서비스를 받아들이신 거네요. 고객들의 반응이 어떻던가요?

A 족발도 아니고 보쌈이나 전, 국수를 배달하니 사람들이 재밌어 하면서 주문도 꽤 많이 이어졌어요. 1인 보쌈 세트나 술안주 하기 좋은 세트 메뉴 등 배달 서비스에 어울리는 메뉴들을 추가하니 더욱 반응이 좋았죠. 그러던 와중에 2019년 말 갑자기 코로나19 바이러스가 전 세계를 강타한 거예요. 홀 영업에 큰 제한이 생기기 시작했습니다. 오후 4시에 문을 여는데 저녁 8시에 문을 닫으라니, 장사를 하지 말라는 거잖아요. 그래도 남들보다 좀 더 빠르게 배달 서비스를 해왔던 저에겐 이 고난이 기회로 작용했어요. 기존에 홀과 배달 매출 비율이 9:1 정도였는데 코로나19 시기에는 매출의 80~90%가 배달에서 발생했어요. 다른 가게들의 매출이 반 토막 날 때 저는 오히려 매출이 20% 정도 상승했습니다. 그때 제 곁에 배민아카데미가 있었던 게 큰 행운이었어요. 팬데믹 이전부터 계속해서 정체된 가게에 변화가 필요하다는 생각을 갖고 있었는데, 이 시기를 기점으로 배민아카데미를 통해 장사 공부에 눈을 떴고, 많은 도움을 받으며 가게를 성장시킬 수 있었습니다.

Q 배민아카데미에서 배운 것 중 가장 기억에 남는 수업은 무엇인가요?

A 자부하건대, 배민아카데미 역사상 가장 출석률이 높은 사람, 가장 많은 수업을 들은 사람 중 한 명이 저일 겁니다. 그만큼 간절했고, 배우는 게 재미있었거든요. 게다가 무료 교육이잖아요. 저에겐 안 할 이유가 없는 선택지였습니다. 젊은 시절에 시작했다면 이렇게 열정적으로 공부하지 못했을 수도 있습니다. 무료 교육이라 강의 퀄리티를 의심하는 경우도 있습니다만, 저의 경우 모든 수업이 다 기억에 남고 제 가게가 바뀔 수 있는 터닝 포인트가 돼주었다고 생각합니다. 그 말인즉 장사 공

부는 결코 잃는 것이 없는, 얻기만 하는 경험이라는 겁니다. 그런 경험이 인생에 얼마나 될까요?

원가 계산, 식재료 관리, 메뉴 개발, 고객 응대 등 하나부터 열까지 다 배웠다고 보면 돼요. 라면도 끓일 줄 모르던 사람이 지푸라기 잡는 심정으로 시작한 장사였기 때문에 궁금하고 답답한 게 너무 많았는데, 그 모든 게 한꺼번에 해결된 거죠. 그 무렵엔 일주일에 한 번 장사를 쉬었는데 쉬는 날마다 수업을 들으러 갔습니다. 제 모든 스케줄이 배민아카데미 수업에 맞춰져 있었어요. 한 달에 적어도 네 번, 그렇게 3년여를 다녔더니 배민아카데미에서 최다 출석상도 주더라고요.

물론 공부는 지금도 계속하지만 당시에 정말 공부를 많이 했는데요, 그때 '브랜딩'이라는 걸 처음 알게 됐습니다. 배우고 나니 보였어요. 우리 가게에 필요한 넥스트 스텝은 브랜드 만들기라는 걸요. 단순히 전과 국수를 파는 가게에 머물러서는 미래가 없겠다고 생각했어요. 이제 고객에게 외식은 오직 식사만을 위한 행위가 아니라 자신의 취향과 가치관을 드러내는 경험이기 때문이에요. 그들이 우리 가게를 경험하고 싶게 만들기 위해 우리 가게만의 스토리와 철학을 전달해야겠다 생각했죠. 그래서 저의 색을 담은 전통 한식 주점으로 가게의 콘셉트를 변경하게 됐습니다.

체인점을 나만의 개성을 담은 브랜드로 리브랜딩하다

Q 장수만세가 무슨 뜻이에요? 한식 주점 장수만세의 메뉴가 만복국수와 어떻게 달라졌는지 궁금해요.

A 제가 장씨잖아요. 막걸리 하면 대표적으로 장수막걸리가 떠오르기도 하고요. 여러 가지로 중의적인 의미를 담아 2019년 장수만세라는 이름의 한식 주점으로 리브

랜딩했습니다. 신메뉴를 만들기보단 기존 메뉴를 정리해 브랜드 이미지를 강화했어요. 즉, 자신 있는 메인 아이템은 가져가되 막걸리와 곁들여 먹을 수 있는 안주류에 선택과 집중을 했는데요. 보쌈과 전 그리고 곁들이 메뉴인 국수를 남기고 다른 메뉴들은 정리했어요. 메뉴판이 좀 더 풍성히 보일 수 있도록 전과 보쌈을 매칭한 세트 메뉴를 만들고, 두부와 홍어를 보쌈에 곁들여 보쌈삼합과 사합을 추가하고요. 홍어는 생각보다 반응이 좋더라고요. 코로나19 당시 1인 홍어보쌈 세트를 만들어서 배달 위주로 판매했는데 판매가 잘됐고 홍어삼합은 지금도 장수만세의 인기 메뉴

중 하나입니다.

체인점을 하다가 어떻게 쉽게 개인 브랜드화했는지 궁금하실 분들도 있을 것 같아요. 브랜드나 점포마다 다르겠지만 제가 운영한 만복국수는 처음부터 본사에서 받는 것 없이 모든 반찬이나 음식을 자체적으로 만드는 테스트 점포였기 때문에 육수 내는 것부터 모든 메인 요리, 밑반찬까지 다 직접 만들어야 했거든요. 그래서 메뉴를 바꾸는 데 문제될 게 없었어요. 개인 브랜드를 염두에 둔다면 우선 핵심이 되는 음식은 A부터 Z까지 사장이 직접 만들 줄 알아야 하고 정량화된 레시피를 확보하는 것이 중요하다고 생각합니다.

Q 리브랜딩 과정에서 메뉴 이외에 또 집중한 점이 있나요?

A 장사 공부를 통해 배운 것 중 하나가 '고객 중심' 마케팅의 중요성이었어요. 장

수만세를 처음 방문한 고객들이 또 오고 싶은 가게로 만들 수 있도록 "안녕하세요"라고 인사를 건네는 첫 순간부터 지속적으로 친밀감을 주도록 노력했습니다. 한쪽에서 '달고나'를 만들어 서비스로 제공하기도 하고요, 어린이와 함께 방문하는 고객들에게는 인형을 나눠주기도 했어요. 생일에는 김치전 쿠폰을, 카카오톡 친구 추가 시에는 국수 쿠폰을 증정했어요. 마지막 계산하는 순간까지 기쁨을 드릴 수 있도록 결제 금액 포인트 적립율을 5%로 높여 재방문을 유도했습니다.

Q 한식 주점으로서 색을 강화하면서 인근에 있는 다른 주점들과 비교해 차별점이 필요했을 것 같아요.

A 술집이지만 보쌈과 전이 맛있다는 점에 집중했고, SNS를 통해 이를 적극적으로 홍보했어요. 보쌈의 경우는 고기의 잡내를 잡기 위해 지리산에서 재배한 상황버섯 우린 물로 고기를 삶고 있고요. 그리고 만복국수 때부터 무채나 양파초절임, 마늘 소스를 직접 만들어왔는데요, 특히 무채는 시그니처 같은 밑반찬이에요. 우리 무채는 꼬들꼬들한 식감이 특징인데, 이 식감을 내기 위해 채 썬 무를 두부 짜는 기계로 짜내요. 절이는 것 하루, 짜는 것 하루, 무치는 것 하루, 총 3일이 걸리는 반찬이지만 예전부터 해왔기 때문에 계속 가져갈 수 있는 자원이라 생각했습니다. 또 모든 반찬은 저희가 직접 짠 6첩 반찬 틀에 내어드리고 있는데요, 푸짐하고 깔끔한 한 상을 완성해줍니다. 고객 만족도도 높지만 무엇보다 고객들로 하여금 자꾸만 셔터를 누르게 해 SNS 홍보 효과가 좋아요. 장수만세는 주점이지만 보쌈도 팔고 국수도 팔고 있잖아요. 그 이유는 1차와 2차 사이의 1.5차로 생각하며 오시는 분들이 많고, 오랫동안 이 맛을 찾아주는 단골손님들이 있기 때문이에요. 기존의 맛을 놓치지 않으려는 이런 노력이 차별화 포인트라고 생각합니다.

나 자신이 브랜드가 되기로 결심, '상봉동 테스형'이 되다

Q 자체적으로 SNS를 운영하는 것 말고 또 좋은 홍보 수단이 있을까요?

A 대중에게 많이 노출되는 것이죠. 다양한 방법이 있겠습니다만 그게 무엇일지는 스스로 공부하고 찾아봐야 합니다. 저는 TV 프로그램에서 먼저 연락이 와서 전파를 탔는데요, 아마도 작가님이 맛집을 소개하는 유튜브 채널에서 장수만세를 보고 재미있는 요소를 발견했기 때문일 것이라 생각해요. 제가 어떻게 유튜브 채널에 노출될 수 있었을까요?

저는 저희 가게의 지역구인 중랑구청 뉴스레터를 구독하고 꾸준하게 살펴봐요. 소상공인들을 위한 이달의 혜택이 무엇이 있는지, 또 어떤 것들이 달라지는지 세상의 변화를 꼼꼼히 체크하죠. 그러다 우연히 소상공인진흥공단에서 소상공인 지원 자금을 운영한다는 소식을 알았어요. 열심히 가게 소개서를 작성해 신청했고 운이 좋게 당첨됐죠. 그때 지원받은 300만 원의 컨설팅 비용으로 유튜브 촬영을 할 수 있었던 거예요. 상황버섯 달여가며 보쌈을 삶는 유튜브 콘텐츠가 TV 프로그램 출연으로 이어지게 된 겁니다. 요즘같이 볼거리가 넘쳐나는 세상에서 '그냥 어쩌다가, 운이 좋아서'는 없는 것 같아요. 목마른 사람이 우물을 파야 물을 찾을 수 있어요. 그냥 파서는 안 되고요. 꾸준하게 파야 합니다.

Q 뉴스레터를 챙겨본 덕분에 얻게 된 또 다른 기회가 있었나요?

A 중랑구에서 홍보 모델을 모집한다는 소식을 알게 됐고, 작년에 지원해 시니어 홍보 모델 1기로 활동했습니다. 제 생김새가 가수 나훈아를 좀 닮았거든요. 일부러 머리와 수염도 기르고 좀 '힙한' 이미지로 밀고 나갔어요. 그랬더니 PD님도 재밌어

하고, 홍보 모델 중에서도 저를 많이 찾아주더라고요. 덕분에 콘텐츠도 많이 찍었어요. 중랑구 공무원 고객에게 들었는데 중랑구청에서 틀어놓는 TV에는 제가 매일 나온대요. 이런 대외 활동들이 가게 홍보에도 도움이 됐을 거예요. 그런데 저는 이 활동을 하면서 생각이 좀 더 확장됐어요. '내가 장수만세가 되자'고요. 주방에 머물지 말고 계속 홀로 나오고, 가게에 머물지 말고 계속 밖으로 나와서 사람들에게 장수만세를 알리고 소통하는 게 장수만세를 키우는 데 더 효과적일 것 같았거든요.

Q 사장님의 도전은 끝이 없네요. 사업을 성공적으로 키워내는 와중에 안주하지 않고 계속해서 움직이는 모습이 많은 사장님께 귀감이 될 것 같아요.

A 은퇴를 앞둔 분들이 저를 보고 용기를 얻길 바라요. 100세 시대에 두 번째 인생은 어떤 일을 하고 살아야 할지 고민하는 분들이 많을 거라고 생각합니다. 아직까지 외식업은 기회의 땅이라고 보고 있어요. 만약 장사에 꿈이 있다면 시간이 오래 걸려도 좋으니 열심히 공부하고 준비해서 도전해보셨으면 좋겠습니다. 배민아카데미처럼 사장님들에게 많은 걸 알려주려고 눈에 불을 켜고 있는 좋은 기관들도 있고요. 정부나 지방자치단체에서 소상공인들을 위해 지원하는 프로그램과 자금도 있어요. 관심이 있다면 찾아보고 행동으로 옮기세요. 공부하면 됩니다.

Q 아직도 공부할 게 많으신가요?

A 배민아카데미를 접하고 6년이 지난 지금도 꾸준하게 수업을 들어요. 반복해서 여러 번 들어야 자극을 받고 행동으로 실천하게 되더라고요. 그리고 매출 상승으로 이어지고요. 최근에 네이버 스마트 플레이스 수업을 듣고 바로 실행에 옮겼어요. 해당 서비스에 가입을 했고 베타 서비스도 있기에 신청했더니 선정되어 AI가 고객들의 리뷰에 답글을 달아주는 신기한 경험도 해보고 있습니다. 지난 5월에는 장수만세 오픈 이래 최대 월 매출을 찍었어요. 예전엔 새벽 4시까지 일했는데 지금은 3시

간이나 영업시간을 줄이고도 오히려 매출이 늘어난 거예요. 모두 공부한 덕분이죠. 내가 공부한 게 매출로 수치화되니 더 자극이 되고 더 열심히 하게 돼요. 세상은 또 바뀔 거예요. 외식업계에도 많은 변화가 나타나겠지요. 그런데 저는 두렵지 않고 오히려 기대가 돼요. 또 얼마나 재미있는 것들이 우리를 기다리고 있을까요? ●

② 벤치마킹

벤치마킹은 사업을 운영하는 사장님들의 입에 자주 오르내리는 단어입니다. 성공적인 가게 운영을 목표로 하는 사장님들에게는 누구나 하나 이상의 롤 모델이 있을 겁니다. 많은 사장님이 롤 모델과 비슷하게, 혹은 그 이상으로 내 가게를 확장하기 위해 꾸준한 시장조사와 벤치마킹을 하지요. 빠르게 흘러가는 트렌드의 물결 속에서 남들은 어떻게 장사를 하는지, 나는 어떻게 장사를 할지 빠르게 비교하고 판단하지 못하면 도태되고 말 테니까요. 벤치마킹은 나만의 확실한 기준점이 있어야 한다는 점에서 단순 모방과는 다릅니다. 내 가게는 어떤 곳인지, 누구를 타깃으로 하는지, 어떤 색깔을 갖출 것인지 등 자신의 사업에 관한 명확한 분석이 있어야 가능하기 때문이에요. 아는 만큼 보이는 장사의 생생한 현장 공부 벤치마킹 전략, 어떻게 세우는 것이 좋을까요?

국보회관
최원근 사장님

성공 가게의 노하우, 벤치마킹 어떻게 해야 할까?

장사가 잘되는 매장을 만드는 올라운드 전략, 벤치마킹

'국보회관'은 갈비의 도시, 수원에 있는 한우 전문점입니다. 국보회관의 최원근 사장님은 서울역에 '국민회관'이라는 냉동 삼겹살 전문점도 운영하고 계세요. 국민회관은 코로나19를 두 달 앞두고 오픈해 살아남은 숨은 강자입니다. 냉동 삼겹살이라는 트렌디한 아이템이 비극적인 시기를 만나 꽃도 펴보지 못할 뻔했지만 최원근 사장님의 집념으로 살아남을 수 있었지요. 국민회관의 세컨드 브랜드인 국보회관은 고퀄리티 한우로 유명합니다. 최원근 사장님은 고깃집의 트렌드를 계속 읽기 위해 매주 세 번, 한 달에 열두 번씩 고깃집을 찾아다니며 먹어보는 일을 5년째 빠짐없이 해왔습니다. 물론 고기 맛만 보는 건 아닙니다. 고깃집의 위치, 직원들의 표정, 천장의 높이, 고객의 동선 등 짧은 시간 안에 최원근 사장님이 캐치해야 하는 정보는 너무나도 많다고 하네요.

전국 고깃집 1000곳 이상의 벤치마킹, 가게 성장의 장작이 되다

Q 사장님과 사장님의 가게를 소개해주세요. 한우 전문점을 운영하게 된 계기가 있나요?

A 저는 수원에서 지난 2022년 8월에 오픈한 한우 전문점인 국보회관의 대표, 최원근입니다. 국보회관에서는 손질하지 않은 짝갈비를 대량으로 구입해 매장에서 직접 해체합니다. 국보회관보다 앞선 2019년부터 서울역 인근에서 국민회관이라는 냉동 삼겹살(냉삼) 전문점도 운영하고 있어요. 냉삼에서 갑자기 한우라니, 의아하게

여기실 수도 있을 것 같네요. 그간 저는 냉삼 전문점을 운영하면서 서비스 제공 측면에서 아쉬움을 많이 느끼고 있었습니다. 냉삼이라는 아이템 특성상 고기가 빨리 익기 때문에 서비스를 하는 입장에서도, 서비스를 받는 입장에서도 느긋하게 소통하기가 어려웠거든요. 많은 고깃집을 다니면서 고객 서비스 측면에서 데이터를 쌓아오고 있었는데 이 자원을 적용시키기 쉽지 않은 환경이더라고요. 그래서 다른 아이템을 고민하다가 세컨드 브랜드 아이템으로 한우를 선택했습니다.

다들 아시다시피 요즘 고깃집이 정말 많아요. 잘하는 집들도 많고요. 많은 고깃집 중에 국보회관이 선택받을 수 있는 차별화 방법에 대해 많은 고민을 합니다. 그중 하나는 고객들에게 특별한 서비스를 다양하게 제공하려고 노력하는 거예요. 직접 담근 복분자주나 수삼주, 아이스크림튀김같이 메뉴판에는 없는 메뉴를 서비스해 궁금증을 유발하면서 재방문을 유도합니다.

Q 다른 매장과의 차별화 아이디어를 어디에서 얻으세요?

A 다른 고깃집이죠. 경쟁시가 많다는 건 인사이트를 얻을 수 있는 곳이 많다는 뜻이기도 합니다. 나랑 같은 아이템을 다루는 가게에 가면 여기는 고기를 어떻게 다르게 판매하는지, 어떤 서비스를 하는지, 어떤 인테리어와 어떤 동선을 짰는지 등등 볼 수 있는 게 너무나도 많아요. 고깃집을 운영한 지난 5년간, 장사가 잘된다고 하는 전국의 고깃집을 돌아다녔는데 아마 1000곳이 넘을 거예요. 제주도같이 멀리 갈 경우에는 하루 3~4곳 이상 방문해야 합니다. 갈 곳은 많은데 시간이 없거든요. 처음 보는 메뉴와 베스트셀러는 무조건 시키고요. 한 점 먹고 버리더라도 제가 모두 경험해보기 위해 다 주문해요. 그런데 제 위장도 한계가 있잖아요. 그럼 정말 먹고 토하는 걸 반복하면서 맛봅니다. 방문한 고깃집들을 잊어버리지 않기 위해 기록하려고 인스타그램 계정을 만들어서 꾸준히 업로드하고요. 혹자는 꼭 그렇게까지 해야 하느냐고 묻지만, 치열하게 시장조사를 하는 게 꼭 필요하다고 생각하면 너무나 당연

한 이야기가 됩니다. 이렇게까지 해야 살아남을 수 있어요. 이렇게까지 하지 않으면 당신의 가게는 거기까지입니다.

첫 장사의 시작 카페 창업, 시장조사의 중요성을 일깨우다

Q 평범한 직장인이 용감하게 뛰어든 첫 장사가 카페였다고요. 어려움은 없었나요?

A 프랜차이즈의 첫 글자가 P인지 F인지도 모르는 상태로 카페를 창업했습니다. 무식하고 자신감만 있었죠. 미국에서 좋은 대학을 졸업했고, 한국에 돌아와 좋은 대우를 받으며 입사해 인센티브도 많이 받으면서 직장 생활을 했어요. 당시 S전자를 다니던 친구보다 제 연봉이 높았으니 얼마나 어깨에 힘을 주고 다녔겠어요? 나름대로 열심히 살았고, 그때 제가 하는 일이라면 뭐든지 다 잘될 거라고 생각했어요. 돈도 더 벌고 싶더라고요. 그러기 위해선 내 사업을 해야겠다고 생각했고, 저음 선택한 아이템이 커피였죠. 회사 건물 1층의 카페가 너무 잘되기에 저도 할 수 있을 거라고 생각했거든요. 그런데 입지 선정부터 단추를 잘못 끼웠어요. 여의도 큰 건물 앞이라면 다 잘될 줄 알았고, 그 앞을 지나다니는 사람은 다 커피를 사 마실 줄 알았던 겁니다.

그런데 웬걸, 하루에 4만원 파는 날들의 연속이었어요. 1+1 쿠폰이나 전단지를 뿌려봐도 집객 효과는 잠깐이었고, 다른 메뉴로 경쟁력을 갖추지 않는 이상 현상 유지밖에 되지 않겠다는 생각이 들었습니다. 그러던 찰나, 과일이란 과일은 다 갈아보다가 자두를 갈아보니 맛이 꽤 좋더군요. '마약주스'라는 이름으로 이것을 판매를 했고, 그게 대박이 났습니다. 여름이 지날 무렵엔 자몽청으로 '마약티'라는 음료를 만들어 매출을 유지했고요.

Q 당시 카페 트렌드는 어땠나요?

A 그 무렵 '주시' 같은 과일 음료 프랜차이즈와 음료 가격은 낮추고 용량은 높인 저가 커피들이 많이 생기기 시작했습니다. 우리 카페는 '마약커피'라는 아이템이 워낙 단단한 마니아층을 이루고 있어 매출에 큰 변동은 없었지만 저는 그저 먹고살 만하게 장사하려고 회사 나온 게 아니었어요. 사업 확장을 위한 다음 스텝이 필요하다고 느꼈죠. 카페를 운영하는 동안은 전국의 카페를 다 다녔다고 느낄 만큼 전국적으로 시장조사를 했어요. 서울은 물론이고 대전, 대구, 부산, 제주도 등 전국에 있는 1400여 곳의 카페를 가봤습니다. 이 경험을 통해서 메뉴와 자리(목)의 중요성을 깨달았죠. 그래서 새로운 아이템이 충분히 소비될 만한 곳으로 가기로 했습니다. 큰 사이즈의 저가 커피 브랜드를 론칭해 판교로 갔지요. 준비 과정에서 중국을 오가면서 커피뿐 아니라 티와 주스의 시장성을 봤기 때문에 다양한 음료 메뉴를 갖췄어요. 당시 저희 가게 100m 안에 카페가 23개 정도 있을 정도로 치열한 상권이었어요. 다행히도 거기서 장사가 잘됐습니다. 하루는 관리실에서 찾아오기도 하더라고요. 9평 가게에서 나오는 물값이 옆에 45평짜리 스타벅스보다 더 많다고, 물이 새는 건 아닌가 싶어 확인한다면서요. 그만큼 많이 팔았어요. 동시에 슬슬 박리다매에 대한 한계를 느끼고 있었습니다. 체력 소모에 비해 막상 손에 쥐는 돈은 그리 크지 않았거든요. 또다시 다른 시장으로 눈길을 돌리던 찰나, 한 은행에서 소상공인을 위해 교육을 하던 장사 학교를 알게 됐고, 거기서 30~40년 동안 고깃집을 운영하는 사장님들을 많이 알게 됐어요. 그 만남이 사업 전환의 터닝 포인트가 됐습니다.

Q 고깃집 오픈을 준비하며 놓쳐선 안 될 포인트가 있었다면요?

A 여러 고깃집을 다니며 고기 시장의 트렌드를 파악했습니다. 크게 두 가지로 정리가 되더라고요. 첫째, 좋은 고기를 쓸 것. 둘째, 아이템과 인테리어가 한 가지 목소리를 낼 것. 개인적으로 좋아하던 냉동 삼겹살을 아이템으로 잡았고, 저렴한 냉동

고기가 아니라 반대로 좋은 고기를 얼려 냉삼으로 판매하기로 했습니다. 그리고 냉삼이 처음 유통됐던 1970년대 분위기에 맞춰 레트로풍의 인테리어로 식섭 꾸몄어요. 단체 손님을 받기 좋은 넓은 공간도 고려했고요. 단체 고객들의 테이블 단가가 높기 때문에 놓쳐선 안 된다고 배웠거든요. 국민회관은 원래 다다미방으로 이뤄져 있었는데, 문을 다 제거했어요. 그래서 아늑한 느낌이 있지요. 8명, 15명, 30명이 다 같이 들어와서 먹기 딱 좋은 분위기예요. 그래서 국민회관은 단체 손님에 강합니다.

Q 국보회관을 오픈할 때는요?

A 국보회관은 가족들이 오기 좋은 분위기를 만드는 데 중점을 뒀습니다. 가족 단위의 고객들이 많은 가게를 보니까 대부분 장사가 잘되더라고요. 프라이빗하게 구별되는 공간의 유무보다는 마음이 편안해지는 분위기를 조성하는 데 힘썼죠. 국민회관이 외할머니 댁이면 국보회관은 친할아버지 댁에 놀러 온 것 같은 느낌으로요.

따뜻한 벽지, 통나무 문, 원목 스탠드 옷걸이 같은 시각적인 요소들에서 친밀감을 주려고 했습니다.

또 이건 편안한 분위기를 넘어 사람이 음식에 마음을 열 수 있는 거리와 관련이 있는 이야기인데요. 예를 들면 테이블 간 거리, 테이블과 의자의 높이, 층고 등 잘되는 가게에서 직접 재온 사이즈를 국보회관에 그대로 재현했습니다. 음식이 심장과 눈에 가장 가까울 수 있는 높이를 고려해 테이블과 의자의 높이를 조절한 거죠. 이런 인사이트를 얻는 데에는 배민아카데미의 도움이 컸습니다. 음식의 온도는 생각했어도 음식과의 거리에 대해선 그 전에는 생각해보지 않았거든요.

장사 공부로 깨달은 효율적인 주방 동선의 힘

Q 장사 공부로 얻은 지식을 매장에 꾸준히 접목한 것이 브랜드가 지속적으로 발전한 동력이 됐네요. 특히 주방 동선에 대해 눈을 뜨는 계기가 됐다고요?

A 여러 고깃집을 다녀도 주방 안쪽까지 자세히 둘러보기는 현실적으로 어려워요. 시장조사를 통해 고객 관점에서 다양한 아이디어를 얻었다면 외식업 공급자 관점의 공부는 전문 교육기관에서의 공부가 필히 수반되어야 합니다. 특히 배민아카데미의 교육을 통해 '효율적인 주방 동선'에 대해 다시 생각하게 됐습니다.

주방에서 동선은 정말 중요해요. 중국집에서는 셰프가 오른손잡이냐, 왼손잡이냐에 따라 효율적인 식용유의 위치가 다를 것이고, 카페에서는 믹서의 위치가 단 10cm만 차이가 나도 생산량이 어마어마하게 달라지죠. 제가 음식점을 많이 다니는 이유 중 하나가 살짝이라도 주방 동선을 보고, 반찬 놓는 위치 등을 보기 위해서예요. 내 가게의 방식과 비교하면서 최적의 동선을 찾기 위해 계속 적용해보거든요.

하루는 배민아카데미에서 주방 동선 중 앉았다 일어나는 행동이 사람의 몸에 미치는 스트레스에 대해 이야기를 하더라고요. 상식적으로는 열 번 왔다 갔다 하는 것보다 한 번 쭈그려 앉아서 물건을 꺼내는 게 더 낫다고 생각하는데 실제로는 그렇지 않다는 거죠. 그래서 바로 주방 하부 냉장고를 없애고 스탠드형 냉장고를 들였어요. 이모님들이 주방 동선에 대해서 이렇다 저렇다 말씀이 없었는데, 막상 동선을 바꿔주니 정말 좋아하시더라고요. 효율적인 주방 동선은 편의성과 생산성을 높여줍니다. 편의성은 장기 근속으로 이어지고요. 생산성은 매출 상승으로 연결됩니다.

Q 효율적인 주방 동선을 짜는 일, 직원 복지와도 연관이 있겠네요.

A 그렇죠. 주방에서 일하는 사람들이 효율적으로 일할 수 있게끔 하려고 늘 생각하고 있어요. 사람은 맨날 쓰던 것만 쓰고 하던 대로만 하려고 하는 경향이 있는데,

궁극적으로는 본인이 좀 더 편하면서 효율적으로 일할 수 있는 방법을 찾아 바꾸는 게 큰 도움이 됩니다. 그래서 그런 습관을 들일 수 있게끔 옆에서 계속 체크해요. 일하기 좋은 환경을 만들어주면 오래 일하고, 그것이 결국 생산성과 효율성으로 이어집니다. 그리고 저는 급여로 보답합니다. '돈 주고 싶은 사장과 돈 벌고 싶은 직원'이 있는 가게는 절대 망하지 않습니다. 인재를 쓰고 싶다면 그에 걸맞은 투자를 하면 됩니다. 경쟁 업체에 비해 높은 급여와 좋은 근로 환경이 주어진다면 누구나 오고 싶어 하지 않을까요? 내가 나가게 되면 언제든 나를 대체할 사람이 있다는 긴장감은 자리에 대한 열정과 책임감을 낳더라고요.

Q 국보회관은 누군가의 벤치마킹 대상이 되기도 할 거예요. 어떤 점이 벤치마킹의 요소가 될 것 같나요?

A TV에서 원하는 포인트가 있다는 점입니다. 국민회관과 국보회관, 공중파부터 종편 채널까지 TV 프로그램에 총 다섯 번 출연했습니다. 홍보료 한 푼 들이지 않고

요. 프로그램에서 원하는 그림을 이미 제가 그리고 있기 때문에 우리 매장을 방송에서 찾는다고 생각해요. 국보회관은 여러 특별한 포인트들이 있는데, 먼저 텃밭에서 채소를 직접 키우고 있습니다. 여기서 수확한 상추와 고추를 매장에서 사용하고 있어요. 또 한우케이크 같은 특별한 메뉴를 판매합니다. 한우케이크는 한우를 부위별로 구성해 2단, 3단으로 서비스하는 메뉴입니다. 소고기를 일상적으로 먹는 사람들, 솔직히 흔하지는 않잖아요. 기념일에 국보회관을 찾는 고객들에게 특별한 날의 기억을 심어주기에 충분한 아이템이라고 생각해요. 최근에는 강원도의 어느 식당에 갔는데 직접 담근 장을 가게 한편에 비치해두었더라고요. 사진을 찍어두고 언젠가는 저도 매장에서 해보겠다 생각했어요. 물론 장 담그는 걸 공부해야겠지요. 어쩌다 한두 번은 TV에 나올 수 있어요. 그건 운이죠. 그런데 세 번이 되고 네 번이 되면 그건 실력이에요.

Q 내 가게를 더 성공적으로 이끌고 싶은 사장님들에게 하고 싶은 말이 있다면요?

A 저는 이동 수단으로 보통 택시를 많이 이용합니다. 운전하는 시간이 아깝거든요. 직접 운전하는 대신 택시 안에서 공부를 합니다. 요즘 SNS가 잘 발달되어 있잖아요. 이번 주에는 어디를 가볼지 벤치마킹할 대상을 찾고, 현실적으로 가기 어려운 곳들은 사진과 리뷰 등을 통해 체크하고 기록해요. 사장님들도 남들은 어떻게 장사하는지 보고 나와 비교해보길 바라요. 그래야 내가 원하는 기준점이 생기고 기준점을 토대로 목표치를 설정할 수 있습니다. ●

③ 프랜차이즈

세상의 모든 브랜드는 많은 사람에게 큰 사랑을 받으며 오랫동안 지속되길 원합니다. 작은 브랜드가 다(多)브랜드로 성장하려면, 출발점인 단 한 개의 매장에서부터 고객의 마음 깊이 자리 잡아야 하죠. 브랜드가 추구하는 가치가 무엇인지, 얼마나 매력적인지, 브랜드의 정체성을 한 방향으로 이야기할 때 고객도 같은 방향으로 그 브랜드를 오래 기억하게 됩니다. 좋은 브랜드를 만드는 것도 어렵지만 확장 단계에서 품질을 유지하는 것도 결코 쉽지 않습니다. 하나의 점포만을 운영하는 것과는 차원이 다른 운영 전략이 필요하죠. 브랜드의 가치를 지키자니 성장이 더디고 확장을 시도하자니 수많은 타협 속에서 본질을 잃게 될까 두렵습니다. 작지만 강한 브랜드를 만드는 확장 전략, 어떻게 계획하고 실천하면 좋을까요?

호랑이쌀국수
허지선 사장님

우리 가게도 프랜차이즈가 될 수 있을까?

확고한 브랜드 정체성으로 성공한 스몰 브랜드 확장 전략

대구 서문시장의 푸드 트럭에서 시작해 전국 30여 개의 매장으로 성장한 '호랑이쌀국수'. 동남아시아의 이국적 메뉴를 선보이지만 고객에게 낯설지 않게 다가가기 위해 브랜드의 모든 요소를 브랜딩하고, 흔들리지 않는 확고한 브랜드 정체성으로 성공적인 확장을 할 수 있었어요. 자신들만의 스토리를 쌓아 올려 완성한 작은 브랜드가 큰 시장으로 나아가기 위해서는 방향키 역할을 하는 브랜드의 정체성이 무엇보다 중요하다고 말합니다.

푸드 트럭 사장님이 된 전직 마케터,
내 브랜드를 갖는 꿈을 이루다

Q 허지선 사장님과 운영하는 브랜드를 소개해주세요.

A 대구에서 호랑이쌀국수를 운영하는 허지선입니다. 2019년 여름에 오픈한 호랑이쌀국수는 현재 대전, 포항, 서울 등 전국에 30여 개의 매장이 있습니다. 처음에는 배달 전문점으로 출발했으나 현재는 홀 매장도 같이 운영하고 있어요.

외식 사업을 하기 전에는 외국계 기업에서 마케터로 일했습니다. 내 브랜드를 해보고 싶다는 생각에 고향인 대구로 내려와 사업을 시작했고, 서문시장 푸드 트럭에서 시작해 연 매출 12억원의 브랜드로 성장했습니다. 이런 저의 커리어 때문인지 MBC, KBS 등의 방송 프로그램을 비롯해 각종 신문, 잡지에 소개되는 감사한 기회를 얻기도 했습니다.

Q 외국계 기업의 마케터에서 푸드 트럭 청년 사장님으로, 커리어 변화가 컸네요. 외식업 첫 도전 과정은 어땠나요?

A 대학 졸업 후 서울에서 큰 규모의 외국계 기업에 근무했으며, IT 기업과 부동산 플랫폼에서도 마케터로 경력을 쌓았어요. 하지만 회사에 다니면서도 창업은 계속 생각하고 있었습니다. 나만의 브랜드를 만들고 성장시키면서 보람을 느껴보고 싶었죠. 6년 동안의 직장 생활을 청산하고 사업을 시작하고자 대구로 내려왔습니다. 처음에는 파티 플래닝과 파티용품 관련 사업을 구상했으나 서문시장 푸드 트럭 1기 모집 공고를 보면서 '이거다' 싶었어요. 소자본으로 시작할 수 있고, 대구시에서 홍보까지 해주니 첫 창업에 적합하다고 판단했지요. 2016년 여름, 12 대 1의 경쟁률을 뚫고 서문시장 푸드 트럭에서 동생과 같이 감자튀김 판매를 시작했습니다.

서문시장 야시장이 알려지면서 몇 달 동안 매일 수백 명의 인파가 몰려왔어요. 초보 장사꾼으로서는 감당하기 쉽지 않았지만, 악명 높은 대구의 폭염과 한겨울의 추위에도 계속하고 싶고, 더 잘하고 싶을 정도로 재미있었어요. 하지만 야시장의 화제성이 수그러들면서 유동 인구가 점점 줄어들었죠. 시장이 변화에 맞춰 곱창볶음, 대구 막창 그리고 쌀국수까지 메뉴를 다양하게 시도했고, 그 과정에서 저희만의 레퍼런스를 쌓아가며 고객의 니즈와 시장에 대한 통찰력을 키워갔습니다.

푸드 트럭 사장님이 된 전직 마케터, 내 브랜드를 갖는 꿈을 이루다

Q 푸드 트럭에서 시작한 호랑이쌀국수의 브랜드 개발 과정이 궁금해요. 다양하게 시도한 메뉴 가운데에서 왜 쌀국수를 선택했나요?

A 서문시장에서 다양한 메뉴를 시도해보니 대구 이외 지역의 시장 반응이 궁금했

습니다. 그래서 야시장에서 나와 1년 동안 전국의 뮤직 페스티벌, 지역 축제를 다니며 메뉴를 테스트하고 데이터를 쌓았지요. 그리고 이동식 점포의 한계성에서 벗어나고자 고민 끝에 쌀국수 배달 전문점 오픈을 계획했습니다. 저희 브랜드의 시작점은 푸드 트럭이에요. 당시 서문시장이 칼국수로 유명하다는 점에서 착안해 야시장의 주 고객층인 2030세대를 타깃으로 쌀국수를 판매했어요. 그러나 예상 외로 중년 남성층의 반응이 좋았습니다. 이분들이 이국적인 메뉴라서 자주 접하지 않았을 뿐, 쌀국수라는 정직한 이름과 익숙한 고기 육수의 맛으로 접근하니 의외로 쉽게 선택할 수 있었던 거였죠. 이때의 경험과 깨우침이 지금의 호랑이쌀국수 브랜드의 본질과 철학에 큰 영향을 미쳤습니다.

"다가가기 쉽고, 접근하기 쉽고, 낯설지 않게!"라는 브랜드 철학에 맞춰 이름도 쉽게 호랑이쌀국수로 네이밍했습니다. 낯선 외국어인 '포(pho)'보다 '쌀국수'가 훨씬 직관적으로 메뉴를 표현하고, 누구에게나 쉽게 다가가죠. 브랜드 캐릭터도 강인한 호랑이보다는 귀여운 호랑이로 친근하게 디자인했어요. 다른 메뉴명 역시 동남아시아 음식을 처음 접하는 고객도 이해할 수 있도록 팟타이, 나시고랭, 분짜보다는 태국식 볶음면, 인도네시아식 볶음밥 등으로 풀어서 알기 쉽게 설명했습니다. 브랜드 철학대로 낯설지 않게 다가갈 수 있도록 네이밍한 거죠.

Q 호랑이쌀국수가 많은 사랑을 받으며 브랜드 확장을 할 수 있었던 이유는 무엇이라고 생각하세요?

A 배달 전문점 전략이 시의적절했던 것 같아요. 소자본 창업에도 유리했고, 당시 한식 배달은 포화 상태였던 반면 쌀국수 배달은 거의 없어서 시장의 성장 가능성이 보였어요. 매장을 오픈하고 2~3개월 후 배달의민족에 아시안 카테고리가 새로 생기고 저희 브랜드가 상위 노출되면서 주문이 증가했어요. 프랜차이즈 사업은 브랜드 기획 초기 단계부터 준비를 하고 있었지만 직영점 운영을 1년 정도 한 후에 본격적

으로 확장할 계획이었습니다. 하지만 코로나19로 배달 전문점 수요가 급증하면서 가맹점 문의가 폭발적으로 들어왔고 시기적으로 타이밍이 잘 맞아떨어져 빠르게 브랜드를 확장할 수 있었습니다.

많은 분이 저희 브랜드를 찾는 가장 큰 이유는 맛의 밸런스에 있다고 생각해요. 동남아시아 메뉴지만 이국적인 오리지널 맛보다는 고수와 향신료를 조절해 한국인 입맛에 맞춰 낯설지 않은 맛을 만들어냈어요. 배달 음식이지만 마치 홀에서 직원이 설명해주는 것처럼 먹는 방법과 들어가는 재료, 소스에 대한 설명을 스티커와 메시지 카드로 자세하게 안내했습니다.

Q 마케터 경력이 사업에는 어떻게 도움이 되었나요? 브랜드 홍보와 마케팅 전략이 달랐을 것 같아요.

A 마케터로 지냈던 시간들이 도움이 많이 됐어요. 마케터 경력이 없었다면 고객이 원하는 메시지를 전하기보다는 제가 전달하고 싶고 알리고 싶은 내용들만 홍보하려고 했을 거예요. 마케터로서 타깃 고객이 누구인지 생각하고 그에 맞는 메시지를 던져주면서 왜 다른 매장이 아닌 우리 매장에서 주문해야 하는지를 알리려고 노력했어요. 제가 생각하는 우리 브랜드 이미지가 대대적인 홍보와 마케팅 전략으로 고객을 끌어오는 방향이 아니어서 따로 비용을 투자해 블로그나 SNS 마케팅을 진행한 적은 없었어요. 단지 캐치프레이즈와 스토리텔링만으로 고객에게 친근하고 진정성 있게 다가가려고 노력했고, 그 점이 주효했습니다. 예를 들어 젓가락 포장에도 브랜드와 결을 맞춰 "호랑이 기운 솟아나세요"라고 문구를 넣었어요. 사소한 디테일이 모여 브랜드의 완성도를 만들거든요.

초기 배달 전문점만 운영할 때는 배달 앱의 리뷰가 고객과 만나는 접점으로 너무 중요했기에 리뷰를 홍보 수단으로 활용했습니다. 고객이 남긴 리뷰에 우리 브랜드의 강점과 차별점을 댓글로 남겼어요. 대부분의 사람들이 내가 남긴 리뷰는 안 봐도 다른 사람의 리뷰는 참고를 많이 하거든요. 긍정적인 리뷰를 통해 실패할 염려가 없는 맛집이라는 인식을 심어주었습니다.

배달 앱의 기능도 적극 활용했어요. 당시 배달의민족 앱 환경은 가게 소개 페이지가 따로 없는 대신 한 줄로 공지를 적는 것은 가능했어요. 저희는 그곳이 고객과의 소통 창구라 생각하고 매일 내용을 바꾸면서 저희를 소개했습니다. 야시장 푸드 트럭에서 줄 서는 맛집이었고, '아저씨도 맛있게 먹는 호불호 없는 쌀국수'라는 스토리텔링을 쌓아갔어요. 첫 주문이어도 신뢰감을 주려고 저희의 이야기를 계속 전달했습니다.

브랜드 정체성으로 프랜차이즈 시스템의 기준과 방향을 제시하다

Q 브랜드 확장을 하려면 가맹점에게 일정한 방향 제시가 필요하죠. 그렇기 때문에 확고한 브랜드 정체성으로 방향의 중심을 잡는 과정이 중요할 것 같아요.

A 맞아요. 브랜드 철학에 맞춰 브랜드의 모든 요소가 구성되어 있어야 해요. 명확한 기준과 방향이 있어야 가맹점도 같은 곳을 바라보며 나아갈 수 있습니다. 브랜드 정체성이 견고하게 확립되어 있는지 체크하려면 다음 질문을 스스로에게 해보세요.

첫 번째, '추구하는 브랜드의 느낌이 고객이 생각하는 느낌과 일치하는가?' 내 브랜드가 현재 어떻게 보이는지 객관적인 시각에서 확인해야 합니다. 매장에 방문하는 주 고객층, 리뷰의 내용 등을 통해 고객이 우리 가게를 어떻게 느끼는지 체크합니다.

두 번째, '타깃 페르소나가 있는가?' 타깃 페르소나는 우리 브랜드를 주로 소비하는 가상 캐릭터예요. 단순히 '30대 여성' 식이 아니라 직업, 취향, 라이프스타일 등 최대한 디테일하게 상상하며 타깃 페르소나를 만들어보세요. 그리고 실제로 매장을

찾는 고객과 타깃 페르소나가 비슷한지 확인도 필요합니다.

세 번째, '타깃 페르소나가 원하는 운영 및 마케팅 전략이 있는가?' 신메뉴 개발, 인테리어 리뉴얼 등 어떤 부분을 결정할 때 타깃 페르소나를 떠올리면 브랜드가 가는 방향성을 일관되게 유지할 수 있고 고객들도 브랜드를 의도한 대로 기억해줄 거예요. 사실 호랑이쌀국수의 타깃 페르소나는 저 자신입니다. '배달 음식을 안 좋아하고 정형화된 프랜차이즈 매장보다 핫 플레이스를 좋아하는 30대 여성'이죠. 그래서 호랑이쌀국수의 인테리어는 큰 틀만 제시하고 각 상권에 맞게 각기 다른 특색을 주고 있어요. 왜냐하면 저희의 타깃 페르소나가 정형화된 프랜차이즈 식당을 싫어 하기 때문이죠.

이런 방법으로 브랜드 철학과 브랜드 정체성이 일치하도록 조율한다면 유행이나 위기에 휩쓸리지 않고 언제나 같은 방향으로 갈 수 있다고 생각합니다.

Q 프랜차이즈 시스템 구축에 꼭 필요한 절차가 있나요?

A 우선, 브랜드의 지적재산권 확보를 위해 상표권 등록을 해야 합니다. 상표권이 법적으로 확보되어 있어야 분쟁으로 인해 상표를 사용하지 못하게 되는 불상사를 막을 수 있어요. 또 가맹 사업을 시작하려면 반드시 가맹계약서와 정보공개서 등록이 필요합니다. 제출된 서류로 공정거래위원회의 심사를 거쳐 가맹사업등록증을 발급받은 후 가맹점 모집을 할 수 있고요. 법적으로 1년 이상 직영점을 운영한 경우에만 가맹점 사업을 할 수 있으니 이 부분도 참고하면 좋겠습니다.

그리고 가장 중요한 시스템 구축이 필요해요. 전국의 가맹점에서 같은 방법으로 운영하기 위한 이미지, 레시피, 서비스 시스템을 만듭니다. 모든 가맹점에서 같은 음식 퀄리티가 유지될 수 있도록 식재료 물류에 필요한 업체를 결정하고, 같은 레시피를 구현할 수 있는 전용 상품을 공장에 의뢰해 제작합니다. 그 외 가맹금 예치 방법, 홈페이지, 대표 번호 그리고 마지막으로 매뉴얼 구축까지 이 모든 부분을 꼼꼼히 계획해 하나씩 준비하시면 좋을 것 같아요.

Q 가맹점 숫자에 따라 시스템 적용이 달라지나요?

A 맞아요. 특히 물류 시스템이 크게 달라집니다. 가맹점 수가 최소 10개 정도 되어야 전국 단위의 대형 물류업체를 검토할 수 있어요. 10개 미만이라면 대형 물류업체 수수료가 상당히 부담스러울 겁니다.

저희도 초반에는 대구와 경상도 지역에서 주로 가맹점이 늘어 경상권 중심의 물류업체를 선정해 배송했어요. 하지만 가맹점 수가 10개 가까이 되고 타 지역에서도 문의가 들어오니 다른 방법을 찾아야 했습니다. 물품을 택배로 보내기도 했는데 장기적인 방법은 아니기에, 전국 물류가 가능한 업체를 알아보고 시스템을 바꿨습니다. 업체마다 수수료나 배송 주기, 입고할 물류 창고의 위치, 재고를 가져가는 기간이나 수량 등 세부 사항이 모두 다르므로 이 부분을 비교하고 선택하면 됩니다.

Q 가맹점을 위한 매뉴얼은 어떤 방법으로 시스템화했는지 궁금해요.

A 프랜차이즈 매뉴얼 구축을 어렵게 생각하지 마세요. 가맹점주가 직영점과 같은 방식으로 운영하고 서비스를 제공할 수 있도록 정리하면 됩니다. 요즘 사람들은 영상에 더 익숙해서 구구절절 적어놓은 매뉴얼보다는 필요한 내용만 간단히 적는 것이 좋습니다. 안 하면 안 되는, 정말 꼭 지켜야 할 부분을 강조한 간략한 매뉴얼로도 충분해요. 급한 문제가 발생하면 대부분 다시 물어보기 때문에 그때그때 해결할 수 있거든요.

리뷰 답변 작성 매뉴얼은 유용하기에 꼭 안내를 하는 것이 좋습니다. 제 경험상 많은 가맹점주가 리뷰 답변을 어려워하더라고요. 저희는 그동안 받았던 리뷰의 질문과 답변을 정리해서 매뉴얼로 만들어 전달했습니다.

Q 어느 시점에서 프랜차이즈 브랜드로서의 성장 가능성을 보았나요?

A 보통 가맹점 5~7호점까지는 친인척과 지인이 하는 경우가 많아요. 그 이상이 진짜죠. 우리 브랜드를 경험해본 분이 정말 우리 브랜드가 좋아서 대구가 아닌 서울에 가맹점을 열고 싶다고 했을 때, 다른 지역에서도 통한다는 자신감이 생겼어요. 전국으로 성장할 수 있다는 가능성이 보인 거죠. 서울에 있는 가맹점이 현재 직영점보다 매출이 더 좋습니다.

Q 브랜드 관점에서, 가맹점주가 브랜드와 잘 맞는지도 중요해 보여요. 가맹점 신청을 거절한 경우가 있다면, 그 기준은 무엇이었나요?

A 가맹 문의 상담을 해보면 사장님들의 성향이 느껴져요. 아무리 시스템을 잘 세팅해도 가맹점주의 열정과 노력에 따라 성과가 달라지기 마련입니다. 매장 수익에만 너무 집중하거나, 처음부터 사장님이 하지 않고 오토 매장으로 운영하려고 하려는 경우는 설득하거나 정중하게 거절하죠. 자금 여유가 없어 최소한의 초기 홍보 비용조차 부담스러운 경우도 쉽지 않습니다. 브랜드의 지속성을 위해 매장을 세심하게 신경 쓰면서 운영하는 사장님들과 같이하려고 합니다.

가맹점주는 제2의 고객, 오래가는 브랜드를 위한 운영 시스템 만들기

Q 하루에도 수많은 프랜차이즈 브랜드를 만납니다. 오랫동안 사랑받는 브랜드로 살아남는 방법은 무엇일까요?

A 가맹점 사장님들도 우리 브랜드의 고객이라고 생각해요. 지속적인 브랜드 확장을 위해서는 제2의 고객인 가맹점 사장님들을 위해 무엇을 할지, 어떤 방법이 좋을

지 고민해야 합니다. 좋은 프랜차이즈 브랜드는 가맹점주가 지인에게 추천하며 알아서 영업해주는 브랜드라고 생각해요.

저희 브랜드 철학을 바탕으로 '다가가기 쉽고, 접근하기 쉽고, 낯설지 않도록' 가맹점 사장님도 만족할 수 있는 방법으로 접근합니다. 예를 들면, 신메뉴는 기존 메뉴와 최대한 호환되는 식재료를 사용해 재고 부담을 줄이면서 원가율이 높아지지 않도록 조정하고, 조리 방법도 최대한 간단하게 만들려고 고민합니다. 그래서 대구 직영점에서 한 달 정도의 테스팅 과정을 거쳐 신메뉴를 출시하죠. 원가, 재료 준비, 재료 관리, 주방 동선, 재고 부담을 모두 고려해 가맹점 사장님들이 관리하기 편한 방법으로 맞춰갑니다.

또 브랜드 확장을 통해 '규모의 경제'가 가능해져야 해요. 구매 파워를 발휘해 원가를 절감하는 규모의 경제가 실현되면 가맹점 사장님들은 더 적은 에너지로 더 많은 수익을 가져갈 수 있게 됩니다. 예를 들어, 양파 초절임 소스는 초기 단계에는 매장에서 각각 소분해서 담았는데 가맹점 규모가 늘어난 현재는 공장에서 전용 제품으로 만들어 편리하게 사용할 수 있게 했어요. 이런 것들이 모여 브랜드에 대한 가맹점주의 충성도를 높이고 브랜드를 오래 지속할 수 있도록 지탱해줍니다.

Q 프랜차이즈 운영은 단일 가게 운영과는 많이 다를 것 같아요. 가맹점 관리에 어려움은 없나요?

A 성향이 각기 다른 가맹점 사장님들을 하나의 브랜드로 이끌고 가는 일이 제일 어려워요. 직원 관리와는 다른 문제더라고요. 각각의 사장님들을 관리하는 부분은 늘 어려운 숙제지만, 끊임없이 소통하며 맞춰가고 있습니다.

아무리 프랜차이즈 시스템과 매뉴얼이 잘 세팅되어 있어도 시간이 지나면서 가맹점주의 성향에 따라 운영이 조금씩 달라지는 경우가 생깁니다. 잘되는 상권인데 매출이 못 미치는 경우도 있어요. 레시피대로 메뉴가 나가야 하는데 가맹점주 입장에서는 하나라도 더 주려고 쌀국수에 고기도 더 추가하고 분짜에 토마토도 더 추가하다가 결국 원가 관리가 안 돼 마진이 적다며 이를 본사 탓으로 돌리는 일도 있어요. 가맹점주와는 개별적으로 메시지나 전화로 꾸준히 소통하면서 본사의 시스템과 매뉴얼을 잘 따를 수 있도록 지속적이고 체계적인 슈퍼바이징이 필요합니다.

Q 가맹점주는 문제가 발생하면 본사에 도움을 요청하죠. 사장님은 사업을 하면서 막히는 부분이나 고민을 어떻게 해결하나요?

A 그 부분이 제일 답답했어요. 회사에는 매뉴얼이 있고 물어볼 선임이 있는데, 외식 사업을 시작한 뒤로는 조언을 얻고 소통할 곳이 없어서 너무 힘들었거든요. 다행히 최근에는 외식업 사장님들의 커뮤니티와 교육 프로그램이 많아져 교류할 기회가 많이 생겼습니다. 1년 전부터는 아예 작정하고 대구와 서울을 오가며 프랜차이즈 시스템, 세무, 회계 등 사업에 실질적인 도움이 되는 강의를 듣고 있어요.

매장의 숫자보다 임팩트 있는 매장으로 브랜드 인지도 확장

Q 또 다른 브랜드 확장 계획이 있는지 궁금합니다.

A 하고 싶은 계획은 많지만 아직 제가 생각하는 1차 목표에 도달하지 않아 호랑이쌀국수에 더 집중하려고 합니다. 1차 목표는 가맹점 50개 이상이었는데요, 배달 전문점에서 지금은 홀 매장으로도 출점하는 만큼 매장 수 확장보다는 핵심 위치에서 임팩트 있는 매장을 운영할 수 있는 가맹점주와 함께하며 브랜드의 인지도를 더 넓히고 싶습니다.

브랜드의 수평적 확장으로는 저당 쌀국수 밀키트 제품을 준비하고 있습니다. 레드

오션인 HMR(Home Meal Replacement) 시장에 차별성을 가지고 진입할 방법을 고민하니, 이슈 키워드인 '저당 다이어트'와 우리가 잘하는 쌀국수를 접목하면 가능성이 있겠다 싶었어요. 저희 타깃 페르소나 계층이 흥미를 가질 만한 아이템이기도 하고요.

Q 브랜드 확장을 고려하는 사장님들에게 실질적인 조언을 해주세요.

A 브랜드 확장의 방향성을 제시할 수 있는 브랜드의 본질과 콘셉트가 정립이 되어 있는지 다시 한번 확인이 필요합니다. 그리고 매장을 직접 운영한 경험과 시행착오를 거친 본인만의 노하우와 레퍼런스가 있어야 해요. 그래야 가맹점에서 발생하는 다양한 문제에 대해 방법을 제시할 수 있거든요. 초심을 잃고 단순히 가맹점 숫자만 늘리면서 확장하려는 브랜드는 절대 오래 지속될 수 없습니다.

많은 사장님이 브랜드 확장을 고민하는 시점을 보면, 대부분 주변에서 가맹 문의를 요청할 때예요. 한두 명의 요청에 흔들리지 말고 10호까지는 예비 가맹점주를 모으면서 브랜드 확장 준비를 하시면 좋겠습니다. 주변분들에게는 준비 중이니 기다려 달라고 말씀하시고요. 가맹점이 10호 정도 모집되어야 본사에서 물류업체 수수료와 재고 컨트롤을 쉽게 할 수 있습니다. 가맹 문의가 들어올 때 빠르게 확장하고 성장시키고 싶은 마음을 조금은 접어두고, 가맹 사업을 위한 시스템이 준비가 되었을 때 본점에서 최대한 가까운 동네나 지역부터 조금씩 확장하여 전국으로 나아가시는 방법을 추천드립니다. 차근차근 하나씩 처음 기반을 단단하게 만들어두고 시작해야 어떤 상황이나 환경 변화가 와도 흔들리지 않고 오래갈 수 있는, 지속 가능한 브랜드가 될 수 있다고 생각합니다. ●

상권

"상권 분석, 누구나 할 수 있을까?"

주시태
(현) NICE 지니데이타(주) 실장,
저서 : 〈손님이 모이는 디테일〉

◆◆◆

식당의 입지는 식당의 정체성을 좌우하는 가장 기본적이고도 중요한 요소입니다. 창업을 준비하는 사장님도, 매장 운영에 고민이 많은 사장님도, 점포 확장을 계획하는 사장님도 가장 먼저 스스로에게 질문을 던집니다. '어디가 좋을까?', '상권에 맞게 장사를 하고 있나?' 하고요. 장사에 반드시 필요한 상권 분석, 중요한 것은 알지만 전문적인 지식이 필요할 것 같아 시작이 쉽지 않습니다. 문제점을 파악하고 실패를 줄일 수 있는 상권 분석, 누구나 쉽게 응용해볼 수 있는 방법이 있을까요?

TIP ❶

"상권 분석의 시작, 매출에 해답이 있어요"

Q _ 상권 분석, 꼭 해야 하는 건 알겠는데, 뭐부터 시작해야 할지 막막합니다. 처음을 어떻게 시작하면 좋을까요?

A _ 대부분의 사장님들이 상권 분석이라는 말을 어려워합니다. 어려운 한문이나 영어 단어를 본 것처럼 단어를 보자마자 사고가 멈춰버리죠. 몇십 년 이상 상권을 잘 알고, 전문적으로 이 분야에 있었던 사람들이 할 수 있는 특수 기술이라고 생각합니다. 내가 하는 상권 분석은 좀 더 잘 아는 사람이 보면 단번에 깨질 것이라고 생각하면서 아예 시도조차 하지 않는 사장님들이 대부분이죠.
우선 이 생각부터 깨야 합니다. 이를 위해선 아주 간단한 질문을 스스로 던져보면 되는데요, '오늘 장사가 평소보다 잘된 것 같은데, 왜 잘 됐을까? (혹은 왜 안 됐을까?)' 생각해보는 겁니다. 이런 것은 음식점을 운영하는 사장님이라면 매일 하는 생각 아닌가요? 그리고 그 원인을 찾는 게 사장님의 일 아닌가요? 이게 바로 상권 분석입니다. 상권 분석이라는 말에 거부감이 있다면, 그냥 '매출이 왜 올랐는지, 반대로 왜 떨어졌는지 원인을 찾는 일'이라고 생각하면 됩니다.
어느 날 매출이 특별하게 올랐다면 그 이유는 여러 가지가 있겠죠. 날씨가 특히 좋았던 휴가철 주말이었거나, 꽃 축제가 열리면서 주변에 사람들이 갑자기 많이 왔거나, 아니면 방송에서 어떤 연예인이 우리 집에서 파는 메뉴를 맛있게 먹었거나, 혹은 근처의 경쟁 업체가 문을 닫으면서 우리 가게로 몰린 것일 수도 있습니다. 여러 가지 이유가 있겠지만, 그중에 사장님이 생각하는 매출이 높고 낮았던 이유에 대해 한 줄 적어보세요. 상권 분석은 그렇게 시작하시면 됩니다.

TIP ❷

"90일간의 매출 증감 요인을 데이터화하세요"

Q — 그렇게 한 줄 적는다고 뭐가 바뀌나요? 내가 생각하는 이유가 실제로는 매출에 영향을 준 게 아니면 어쩌죠?

A — 매출이 높았던 금요일, 그 이유를 "날씨가 좋아서"라고 적은 사장님이 있습니다. 그런데 그 다음 날은 날씨가 안 좋은데 전날보다 매출이 더 올랐죠. 그래서 그날은 "토요일이라서"라고 적었습니다. 그런데 그 다음 날은 날씨도 안 좋고, 일요일이었는데 전날보다 매출이 또 오른 겁니다. 그래서 그날은 대충 쓸 말이 없어서 홀 매니저에게 물어보니 단체 손님이 많이 왔다는 겁니다. 그래서 "단체 손님이 많이 온 날이어서"라고 작성했죠.

별것 아닌 것 같은 이 기록을 1주 하고, 2주 하고, 한 달이 넘고, 3개월 정도 됐을 때, 이 사장님이 찾아왔습니다. 이제 언제 매출이 오르고 언제 내려가는지 조금 알겠다면서요. 그래서 뭔가 해야 할 것 같은데, 지금 하는 기록 말고 뭘 더해야 하느냐, 좀 더 좋은 방법이 없겠느냐고 물어보셨죠. 그래서 이 기록만으로도 충분하다고 말씀드렸습니다. 그리고 3개월 동안 써온 기록 중에서 눈에 띄는 몇 가지를 추려 카테고리를 나누고, 각각 어떤 이유에 해당하는지 적어드렸지요.

매출 증감 이유에 대한 기록	업태의 구성 요소(6W2H)	의미
직접 하루 종일 매장 챙긴 날	Who(누가)	사업자
일본인 단체 고객이 찾아온 날	Whom(누구에게)	고객
점심, 저녁은 평소와 비슷했는데, 4시부터 손님이 몰린 날	When(언제)	시간
매장을 늘려 재오픈한 날	Where(어디서)	장소
여름 신메뉴 출시한 날	What(무엇을)	음식, 메뉴, 구성
30% 할인 행사 있었던 날	How much(얼마에)	가격
비가 와서 포장 주문이 밀린 날	How to(어떻게)	판매·소비 채널
주변 공원에서 공연이 있던 날	Why(왜)	소비 목적

TIP ❸

"영업 일지가 곧 우리 가게만의 상권 분석 시스템이에요"

Q ─ 이게 전부라고요? 다른 데서 들어보니 오피스 상권은 그 상권만의 특징이 있고, 카페 업종은 분석하는 방법이 따로 있다고 하던데 이건 너무 단순한데요? 또 상권 분석 시스템이라는 것도 있어서 꼭 해봐야 한다고 하던데, 정말 저게 다인가요?

A ─ 네. 단연코 말씀드릴 수 있죠. 저게 전부입니다. 장사는 돈 벌고 싶어서 하는 거잖아요. 돈 많이 벌려면 매출이 오르거나 내려가는 원인을 알아야 하고, 알고 나서 해결하면 되는 거죠. 그 원인을 알아내서 해결책을 찾는 게 상권 분석의 전부라는 말입니다. 그러니 더 나올 게 뭐 있겠어요? 어디서 무슨 장사를 하든 90일만 영업 일지를 써보세요.

직장가에서 장사하는 분들은 매출이 오르고 떨어진 날의 이유가 죄다 직장인 때문이겠죠? "저녁이라 장사가 안 되고, 주말이라 장사 안 됐다" 아니면 "창립 기념일이라고 앞에 회사가 하루 쉬는 바람에 오늘 장사 못했다" 이런 이유이지 않겠어요? 반대로 장사 잘된 날은 "XX 회사 회식 30명 유치" 이런 이유이거나, 아니면 "오전에 도시락 주문 20개"와 같은 이유 아닐까요? 이미 그 안에 직장가 상권의 성격은 다 녹아 있을 거라는 얘기입니다. 책으로 공부하지 않으셔도 돼요.

커피 업종도 마찬가지죠. "커피보다 빵이 잘 팔린 날", "초등학교 학부모 모임 단체 손님", "가격 할인 20%" 등등 어차피 원인이라는 게 다 이런 내용들 속에 있는 겁니다. 그러니 스스로 정리만 잘하면 알아서 문제가 보일 것이고, 그 부분 먼저 해결하면 되는 거죠.

상권 분석 시스템은 이런 내용을 적은 일지를 바탕으로 조금 더 객관적인 숫자로 그 원인을 알려주고자 하는 도구일 뿐입니다. 물론 도구를 잘 쓰면 편리하지만, 본질은 사장님 스스로 작성한 영업 일지라는 걸 잊으시면 안 됩니다.

TIP ❹

"까다로운 배달 매장 상권 분석도 영업 일지 작성은 필수예요"

Q ＿ 판매 방식에 따라 상권 분석 방식도 달라질 것 같아요. 배달 상권 분석과 일반 홀 매장 상권 분석은 각각 어떻게 접근하면 좋을까요?

A ＿ 공통점과 차이점으로 말씀드리면 될 것 같은데요. 먼저, 전체 손님 수를 전체 경쟁점 수로 나눠서 내가 차지할 수 있는 몫이 어느 정도 되는지 어림잡는 작업은 홀이나 배달이나 마찬가지입니다. 여기에 경쟁점들의 파워와 내 가게의 포지션을 고려해서 그냥 경쟁점 수가 아니라 각 경쟁점이 손님을 얼마나 나눠 가져갈지, 그중에 내 가게는 어느 정도 가져올 수 있는지 계산한다면 고급스러운 분석이 되죠.

홀 위주의 오프라인 매장은 일정 범위('상가권'이라고 부릅니다)에 들어오는 유동 인구와 결제 고객 수를 전체 손님으로 놓고, 그 범위 내의 경쟁 업체 수로 나눠서 내 몫을 계산합니다. 그런데 배달업체는 일정 범위가 아니라 배달 가능한 영역(편의상 '상세권'이라고 부르겠습니다)의 주거 단지 및 거주 인구수, 직장 및 직장인 수를 전체 손님으로 놓는 게 다릅니다. 경쟁점도 더 넓은 범위에서 잡아야 하고요.

배달업체의 경우 업종 간 교차가 더 자주 일어나기 때문에 동종 업종뿐만 아니라 다른 메뉴의 음식점도 경쟁 관계로 고려해야 한다는 점에서 생각할 부분이 더 많습니다. 그리고 매장 손님에 비해 배달 손님은 재방문 비중이 훨씬 높기 때문에 재방문을 유도하는 마케팅 방법이 더 강화되어야 한다는 점도 다르네요. 메뉴 부분에서는 배달에서 더 다양한 음식을 먹길 원합니다. 매장에서 먹을 때는 족발만 시키는데, 배달로 시킬 때는 '족보세트'나 '족발+매운 족발 반반'을 시키듯이 같은 음식점이라 해도 매장과 배달에서 잘 팔리는 메뉴가 다르다는 사실을 인지하고 시작해야 합니다. 배달하는 사장님들도 영업 일지 작성은 필수입니다. 오프라인 매장보다 원인 파악이 더 까다로울 수 있으니 각종 솔루션과 고객, 메뉴, 상권 분석 교육 등을 꼭 활용하시기 바랍니다.

사장님이 묻고 전문가가 답하다